Curated by Janice Tay & Ronald Kow

On Governance, Management, Life

A Collection of
Quotes from ***Lee Kuan Yew***

L KY

[新加坡] 李光耀　著　　郑瑜麟 侯武发 编

李光耀谈治国、管理和人生

上海译文出版社

目录

谈治国

谈管理

谈人生

谈治国

SK
6069

一九六三年八月，总理李光耀向新加坡罗央居民发表演说。

在这张摄于一九九五年的照片上，李光耀做出一个标志性手势。

独立

"殖民时代正走向终结，但过程还是不够快。我们身为人民行动党党员，有意给殖民主义最后一击，让它从此在东南亚消失。"

一九五五年三月二十一日首次参加新加坡立法议会选举时的讲话

"一个人若必须对着老板说'是的，老板！'或'不是的，老板！'，而对方仅仅是因为来自统治阶层而成为老板，此人又怎么能算是一个完整的人？"

一九五五年三月二十一日首次参加新加坡立法议会选举时的讲话

"不是所有反对英国人的人都是民族主义者，有些反对殖民主义的人是民族主义者，有些则是共产主义者。同样的，不是所有反对人民行动党的人都是共产主义者；他们有的是共产主义者，有的是反动分子，有的是机会主义者，还有一些只不过是糊涂罢了。"

一九六一年七月二十日的新加坡立法议会演讲

“每当我们回顾签署协议让新加坡脱离马来西亚的这一刻，那都会是令人感到痛苦的一刻。对我来说，这是痛苦的时刻，因为我这一生……打从我成年以后……我就相信新马必须合并，两地是一体的。”

一九六五年八月九日，李光耀在新加坡广播电视台的电视记者会上宣布，新加坡已骤然与马来西亚分家，取得独立。

新加坡知新馆于一九九六年增设的这个展品，记录了时任总理李光耀在一九六五年宣布新马分家，新加坡自此独立的历史性一刻。

“最后，请允许我不是对你们，而是对新加坡人民说一些话。过去几天，我忙得没有时间把思绪整理成文字，告诉你们这究竟是怎么一回事，为什么会发生这样的事。这没有什么好担心的。许多事情都将照旧。但我们要坚定和冷静。新加坡将会是一个多元种族的国家，我们会树立一个榜样。”

一九六五年八月九日，李光耀为宣布新加坡骤然独立的消息而召开的记者会

阐明问题

"我们说过，一个独立的新加坡根本无法生存。如今，让新加坡生存却成了我们的艰难任务。我们要如何让一批来自中国、印度、马来西亚、印度尼西亚和亚洲其他地区，使用多种语言沟通的移民形成一个国家？……它是英帝国在东南亚的心脏地带，因此繁荣发展起来；随着新马分家，它变成了一个没有躯体的心脏。在我们的两百万人口当中，有百分之七十五是华人。在居住着一亿多马来或印尼穆斯林并由三万座岛屿组成的群岛里，这样的华族人口简直微不足道。新加坡是马来海洋中的一座华人岛屿。我们要如何在这样一个不利的环境里求存呢？"

《李光耀回忆录（1923—1965）》（一九九八年）

“这是一场胜利，可我一点也不高兴。我已开始意识到，我们眼前要面对的问题有多严重——失业、民众太期望迅速看到成果，以及工会、学校和社团里有更多的颠覆活动。更多罢工、更少投资、更多人失业、更多麻烦。”

李光耀叙述人民行动党在一九五九年五月三十日的选举取得压倒性胜利后的情况。这是确认新加坡自治地位的新宪法在一九五八年生效后首次举行大选。选举胜利让李光耀成为新加坡第一任总理。《李光耀回忆录(1923—1965)》(一九九八年)

一九五九年六月五日，新加坡首届民选政府内阁在市政厅大厦宣誓就任，成员有：(左起)杨玉麟、王邦文、吴庆瑞、杜进才、李光耀、王永元、阿末依布拉欣、拉惹勒南以及贝恩。

认清风险

“所以，朋友们、同胞们，我们有一座六百平方公里的小岛。别以为你把它搞垮了，还能落在湿软的稻田地上。这可是硬邦邦的水泥地，掉在上面你会粉身碎骨，立刻完蛋。如果你想知道我为何要那么强势，那是因为我知道会发生什么事。我走访世界各地，看的不是旅游景点……你也知道，新加坡只有一次机会，而它只能向上——要更严谨、更自律、不断向上提升。你把这搞垮了，大家也就玩完了。”

一九八一年八月十六日的新加坡国庆群众大会演说

"在世界这个角落，一个城市岛国如果要生存，就不可以平平庸庸。在帝国时代终结之际，欧洲的军事和贸易据点就被原来的腹地所吸收：本地治里（法国）和果阿（葡萄牙）回归印度；香港（英国）和澳门（葡萄牙）回归中国；直布罗陀（英国）最终也回归西班牙。"

"新加坡要生存，必须要有两个先决条件：第一，要有素质卓越的领导人。意志要坚定、要有奉献精神、有决心、能干和诚实。第二，人民必须认清新加坡根本的脆弱性，并愿意齐心合力面对挑战。我们要更加团结、更有组织，并更具竞争力，否则我们最后会被吞并。"

《接受挑战——新加坡没有李光耀能否继续生存?》，一九九六年六月七日向新加坡报业俱乐部发表的演讲

“三十年的持续增长，加上社会的日益稳定和繁荣，催生了新一代受英语教育的中产阶层。他们和父母一代大不相同。眼前三十五岁以下的这一代新加坡人是在年复一年的高经济增产中长大的，他们把安定和成功视为理所当然……”

“但这是很危险的，因为形势随时有可能急转直下。这些人没有意识到新加坡的脆弱性。他们所读所看到的，是竞争力数一数二的国家，第一大港、第一大机场、第一大航空公司等等。他们有时会抱怨我们把人民逼得太紧，让生活压力太大，为什么不做个第二第三，又或者是做个第四十一的位置？但这是有分别的。

因为假如我们在竞争力方面不是名列前茅，那我们的港口、机场和航空公司还要来做什么？一个独立自主的新加坡又有何理由存在？道理就是如此简单。”

《接受挑战——新加坡没有李光耀能否继续生存？》，一九九六年六月七日向新加坡报业俱乐部发表的演讲

“我自己有豁出性命的心理准备；这是一回事。只有我自己，或许还有（我的）至亲会为此而感到难过。但我不愿拿两百万人的生命来开玩笑。”

一九六五年九月三十日在新加坡维多利亚纪念堂向高级公务员发表的讲话

领导

领导的重要性

“基于对亚洲发展情况的认识，我得出这样的结论：要建立好的政府，就一定要有好的人才。无论政府体制有多好，不好的领袖终究会害了人民。另一方面，我看过有好些社会，尽管政府体制不健全，却因为有优秀、强大的领导当政而治理得很好。”

《李光耀回忆录（1965—2000）》（二〇〇〇年）

“新加坡成功发展的唯一决定性因素，是有能干的部长，以及一群在背后支持他们的优秀公务员。”

《李光耀回忆录（1965—2000）》（二〇〇〇年）

“总理就像是交响乐团的指挥。他必须让乐团奏出动人的乐章。我认为用指挥家来比喻总理的工作再恰当不过。换句话说，他必须对每个乐器都略有研究，知道它们发出什么样的声音，什么时候该轮到哪个乐器演奏。刚开始的时候我并不知道这些，但我得很快学会。内政部、财政部——你必须维持社会稳定、让经济发展起来、搞好劳资关系，还要处理关于教育、国家发展、住房等方面的一堆问题。你要懂得如何调配资源，不光是资金，还有人力资源。因此在任何一刻，哪个领域重要，我就会把最好的部长调到那里去，并让最好的常任秘书协助他，确保该领域取得成功。而他必须决定如何奖励下属。他的团队需要有能‘进球得分’的队友。想取胜的队伍就要有‘神射手’。换言之，执政者必须有点子、能提出新的概念和建立新的制度，同时也是创新者，而不是墨守成规的人。”

一九九四年十一月一日的新加坡国会演讲

"高素质的部长级领导是无可替代的。再好的行政人员也无法取代部长本身在岗位上所展现的睿智、魄力、想象力、创意、冲劲和干劲。哪怕有再好的军师从旁指点,需要别人提示才能给予的回复,远比不上一个灵活、学识渊博和不受拘束的头脑自发的反应……在好些先进国家,资质平平的领导人能依靠背后实力强大的团队蒙混过关。但每当他们在首脑峰会上遇到他国强大能干的领导人时,就立刻相形见绌。而身为一个刚成立的小国,新加坡不能不让最优秀和能干的人来执政。"

《寻找人才》,《我们的文化遗产及以外:新加坡的过去、现在和未来文选》(新加坡全国职工总会,一九八二年)

“丹麦和瑞典可以容许一个平庸的政府执政，新加坡却不能。我们的公共服务素质会走下坡。一旦领导核心的素质下降，所有辅助机构的质量也就会跟着下滑。你将不再能够启发他人。因为没有人能准确评价一个比自己出色的人……所以我们从不让一个能力较差的人去评价他人。你很少听到一个实力较差的人说：‘他比我强。’一旦让软弱无能的人掌权，整个体制就会慢慢垮掉。这是无可避免的。”

《李光耀：新加坡赖以生存的硬道理》（二〇一一年）

“我见过不少理想中的政府制度失败。单单是英国和法国，就为不同的殖民地制定了约八十部宪法……但承袭这些制度的领导人并不称职，致使国家和制度在暴动、政变和革命中一蹶不振。”

一九九四年十一月一日在新加坡国会上谈论部长薪金的问题

建立信任

“如果没有人民的支持和拥护，政府是做不出成绩的。”

《李光耀回忆录（1923—1965）》（一九九八年）

“我认为，在成就任何事情之前，你必须先获得人民的信任，证明自己不是随便承诺或者说讨人喜欢的话，而是言出必行。无论成功或失败，说到的事就必须尽力而为。”

《李光耀观天下》（二〇一三年）

一九八〇年十二月十九日，李光耀在新加坡浮尔顿广场的午间群众大会上冒雨向选民发表竞选演说。

"当你需要让人民感到满意时，你就要做到以下两件事的其中一件：一是提供能满足他们的东西，如更好的衣食住行。如果你做不到这一点，那就要给他们勾勒出伟大的愿景。"

一九六五年三月二十二日出席澳大利亚管理学院于悉尼澳大利亚酒店举行的午餐会时发言

"不受欢迎"的原则

"有时候，为了整个社会的利益，我们可能得采取不受一部分人欢迎的举措。在这样的时刻请记住，我们做事的原则是以整个社会的最大利益为重。"

《李光耀回忆录（1923—1965）》（一九九八年）

“如果你想要赢得人心，那就不能总试着去讨好人民。代表广大民意的政府，不等于事事顺从民意。我们并不想成为不得民心的政府，或是做一些不受欢迎的事。但如果非做不可，我们就一定去做。一个能代表广大民意的政府，需要在每一个五年任期内证明自己的政策有效，并得到广泛支持。政府代表民意就是这个意思。而假如不受欢迎的，我们就不敢去碰它，那我们就会有很大的麻烦。”

一九七七年二月二十三日的新加坡国会演讲

“人民把命运交到我们手中。无论自己将面对多大的危险，一个领导人的首要责任是不辜负这样的信任，否则他就不该担任这个职务。那些在危机中避重就轻的人并非领袖，日后更将被历史斥为懦夫。但在这一天还没到来之前，他们的亲友早已为他们的行为感到羞愧。”

一九七九年出版的新加坡人民行动党二十五周年纪念特刊

"记住这一点：好的部长不仅仅是会亲吻宝宝、会微笑、会主持对话会的人。你可以没完没了地举办对话会。很好。你一直听啊听的。但到头来，你得做出很困难、让人很不开心、很不受欢迎的决定，还要笑着跟人民解释，最后更要向他们指出：看，事情有转机了，有数据为证。这才是执政之道。"

一九八八年八月十四日的新加坡国庆群众大会演说

当遭受批评时

"必须要做的一件事，是跟那些指责我贪污或滥用职权的人当面对质。我一向以来都是正面回应所有这类指控。"

《李光耀回忆录（1965—2000）》（二〇〇〇年）

"我的同僚并没有被我吓得不敢吭声。根本没这回事。他们畅所欲言,也没出什么事。但如果我们不开口驳斥那些恶意中伤我们的言论,整个体制必定遭到破坏。"

一九八六年七月三十日的新加坡国会演讲

"我对失败不感兴趣。我们要取得成功……如果你能反驳我的言论,而不是威胁我或对我怒吼,我会对你更刮目相看。"

一九六六年八月二十五日在新加坡印刷业职工联合总会五十四周年庆祝会上发表的讲话

"没有胆量公开提出指控的人,应停止所有的旁敲侧击和拐弯抹角。"

一九六三年六月十二日的新加坡立法议会演讲

或批评他人时

“每当我说一些贬低对手的话时，我都有充分的证据支持自己的观点，而我的对手都对此心知肚明。”

《李光耀回忆录（1965—2000）》（二〇〇〇年）

“当你提出一个想法，而我知道并深信它是错误的，并且会危害到我们时，我就一定要粉碎它。我不是要把你粉碎，而是要把你的想法粉碎。我的意思是，如果我错了，那我的想法也理应被粉碎。‘粉碎’听起来或许有些残酷，但这本来就是一个残酷的世界。这是一场思想上的是非对错之争，因为如果想法是错误的，我们就会害了很多人。”

一九九六年七月二十四日举行的新加坡电视机构青年论坛

“那些不堪一击的对手，你很难把他们当一回事。被你打倒一次就久久无法站起的人，总让人感觉自己很残忍似的。”

一九五九年十二月十日的新加坡立法议会演讲

由始至终
保持清正廉洁

“开始的时候为自己定下很高的道德标准，有着强烈的信念和决心要打倒贪污，这很容易。但除非领导者有足够的意志和决心，毫无例外地对付所有违法乱纪的人，要坚持这样的理念是困难的。”

《李光耀回忆录（1965—2000）》（二〇〇〇年）

“建立一个诚实廉洁的政府的一个先决条件是，候选人不需要拿出大笔金钱才能当选，否则必定会引发贪污腐败的恶性循环。许多亚洲国家所面对的祸害便是巨额的选举费用。”

《李光耀回忆录（1965—2000）》（二〇〇〇年）

“我并不是在说我们有了贪污调查局，就能杜绝一切贪污腐败。这是一个每年都会提交报告的反贪机构，而报告显示，他们每年会查获约两百到三百起小案件，偶尔也会有两三起大案。但你要知道，我们在‘透明国际’的排行榜上位居世界前五六名以内。所以，这样的成绩还是不错的，但要取得这样的成绩，你必须有一个清正廉洁的核心。”

二〇〇七年六月十九日在东亚研究所十周年纪念讲座上的问答环节发言

“我们身在这样的区域环境，却必须洁身自爱。这就如同在充斥病毒的地区里保持健康。这并非易事。你需要的是对贪腐有‘免疫力’的人。我们一旦失去具备这种素养的领导人，地位也就会跟着下滑，而人民行动党也会被淘汰。”

《李光耀：新加坡赖以生存的硬道理》(二〇一一年)

没有“廉价”的政府

“在大多数国家，从政者表面上所领的薪酬看似很低，但他们通过别的方式得到回报，像是佣金、回扣、赞助和其他好处。在美国，他们可在离任后通过自己的关系网或给别人当顾问来得到回报。我们不应仿效这样的做法……我们研究出一套切合实际的制度，尽可能让薪金接近市场标准。但这对很多人来说还是比到外面工作赚得少，而他们所失去的个人隐私是无法补偿的。千万不要尝试建立一个‘廉价’的政府。金钱政治只会换来一批无能的国会议员，还有一连串的虚伪和造假，最后演变成欺诈和腐败。”

一九九〇年八月八日，李光耀最后一次在新加坡国庆日前夕以总理身份发表国庆献词

"如果新加坡让平庸的人来治理,这个国家必定下沉,沦为一座再平庸不过的城市……这是一个弹丸小国,没有任何天然资源,从历史角度来看,它处在一个多变的地区。这片土地需要有超凡的领导人……诚然,世界上没有其他国家像新加坡这样付给部长如此高薪,但世界上确实也没有其他岛屿取得和新加坡一样的发展——耀眼、整洁、安全、没有贪污、犯罪率低……这一切并非偶然发生的,靠的是一套需要领取高薪的部长才有办法构建而成的生态系统。每一次减薪,会让放弃自己的专业或银行事业的部长牺牲更大。一些人最终会告诉自己:'我不介意做个半任或两年半,就当是国民服役吧。但再久一点,我就得说:谢了,不必了。'最终后果是,政府将形同旋转门,人员流动将变得太频繁,既缺乏对事物课题的深入了解,又找不到从长远的角度去思考问题的动力。"

《李光耀观天下》(二〇一三年)

"国会议员是现实社会的男女，他们也有家庭，而他们的家人也对生活有所追求。所以当我们尽在说一些冠冕堂皇的大道理时，我们最终还是要记得，很少人能真正做到两袖清风。"

一九九四年十一月一日在新加坡国会上谈论部长薪金的问题

不为荣耀

"我并不是在说自己所做过的每件事都是对的，但我做每件事的目的都是光明磊落的。我也曾经被迫下狠手，比如不经审讯就把一些人关押起来。"

二〇一〇年九月十日接受《纽约时报》访问

"你一定要有信念。如果你缺乏信念，只是为了个人荣耀、宣传或声望而这么做，那就算了。去做别的事吧。你若要从政，就必须像我原来的团队那样看待这份工作：'这是一辈子的事业。' 这是第一，你必须有坚持到底的信念，不是为了个人荣耀，而是因为你觉得这是自己必须做的事。"

谈到领导力，《李光耀：新加坡赖以生存的硬道理》（二〇一一年）

"一个从政者不过是想打响自己的知名度，然后步入政坛，并会因为掌握权力而有荣耀感。领导人则拥有使命感，并会为了成就某些事而争取权力。一个政治家则不光能争取权力去完成一些事情，还能把手中的权力交给一个称职的接班人。"

《李光耀观天下》（二〇一三年）

"要当领导人，就得接受别人因为你治国有方而致富。"

《李光耀观天下》（二〇一三年）

民主

"各国人民都需要有好的政府。一个国家得先有经济发展，才可能有民主。除了少数的例外，民主制度并没有为新兴发展中国家带来良政善治。民主制度之所以没有推动发展，是因为政府没有实现发展所需的稳定和纪律。"

一九九二年十一月二十日在东京出席"朝日新闻创造二十一世纪论坛"时发表的演讲

"好政府是什么？这要视人民的价值观而定。亚洲人所重视的，未必就是美国人或欧洲人所重视的。西方人崇尚个人权利和自由。身为一名拥有中华文化背景的亚洲人，我更看重一个诚实、有效和有效率的政府——能够保护人民，让人人有机会在一个稳定有序的社会里自我提升和过上好日子，并让他们的孩子青出于蓝而胜于蓝。"

一九九二年十一月二十日在东京出席"朝日新闻创造二十一世纪论坛"时发表的演讲

"你认为政治不外是搞选举和竞选。我对政治的理解则不是这样的……我看过最好的定义来自一本美国的字典,是这样说的:'政治是执政或治理一个国家,以及如何管理其内外关系的艺术或科学。'这个概念很抽象,而它的现实意义是:我的生活如何受政府所影响?我是否有工作?有没有栖身之所?必要时,我能否得到所需的药物治疗?我有没有休闲设施?我的孩子有没有美好的未来?他们是否能接受教育?有没有自我提升的机会?"

二〇〇六年四月十二日在新加坡亚洲新闻台的节目上与年轻选民对话

"让人惊讶的是,在当代西方世界里,大多数的政府领袖都无需接受特别训练,也不具备什么特别资格。许多人都是因为在电视上显得一表人才和能言善辩而当选。这样的结果往往让选民感到失望。"

一九九六年七月十九日向新加坡全国职工总会发表的讲话

“和美国政治评论员所主张的相反，我并不相信民主必然会带来发展。我相信，一个国家更需要建立的是纪律而非民主。民主过于泛滥，就会让社会变得毫无纪律和秩序，以致不利于发展。一个政治体系优劣的试金石，是它能否为社会内的大部分人创造改善生活的条件，以及它是否能在给予最大限度的个人自由的同时，也保障社会内其他人的自由。”

一九九二年十一月十八日在马尼拉出席菲律宾商业大会时发表的演讲

“一人一票是一种最为困难的治国方式。这样的制度会不时产生一些让人意想不到的结果。人民有时是反复无常的。他们厌倦了生活稳定、日益改善的日子，可能会因一时冲动为了改变而改变。”

一九八四年十二月十九日在新加坡浮尔顿广场的群众大会上发表演说

"我们以英国制定的宪法为依据,但必须修改某些方面以符合我国国情,并保留了一些主要特征:第一,把官僚体系、国会和政治领导分开。第二,每五年举行一次自由选举。因此无论哪个政党上台,它都会接手一个正常运作的政府……政府的职责是在允许改变的同时确保制度不受破坏,否则这会搞垮国家。"

《李光耀:新加坡赖以生存的硬道理》(二〇一一年)

"让我以最简明扼要的方式说明,我们这一边认为什么是民主制度。这样的制度意味着每一个人都同样有权利活在这个世上,而大多数的人有可能无需诉诸武力也能改变社会秩序。从政治的角度来说,这就等于让每个人都能投票、有权决定由谁来执政,以及在特定的任期内要如何治理国家。这也意味着在任期结束时,人们有权利评价这个政府的表现,以及任何有意代表人民的候选人。"

一九五九年七月二十一日的新加坡立法议会演讲

反对党

“不，我们不是在抑制竞争，而是在防止笨蛋进入国会和政府。我们欢迎任何有素质的人，但我们不要笨蛋。他们对国家建设毫无贡献……如果有认真的对手出现，组织一个和我们旗鼓相当的替代政府，我会说‘好’。这样我们就有一个像样的替代选择。可你看看他们都派出一些什么样的候选人。”

《李光耀：新加坡赖以生存的硬道理》（二〇一一年）

一九八五年二月，七十九名男女议员在第六届国会首次开会时宣誓就职，誓愿为新加坡人民服务。新加坡的第六届国会有许多“新”突破：共有二十五名新上任的国会议员，十五年来第一次有三名女议员，四位资深前任内阁成员（前排左一起）易润堂、蔡善进、王邦文和杜进才一起卸下部长职务但留任议员，以及二十多年来首次有两名反对党议员。

“今时今日的反对党领袖通过走访选区来判断自己会在哪里有好的战绩，到小贩中心、咖啡店、食阁以及超级市场看看民众对他们有何反应，是否收下他们派发的宣传单。我从来都不信这一套。我从和对手多次不愉快的交手中学到，民众的整体情绪固然重要，但关键的还是要通过制度上和组织上的网络来寻求支持。”

《李光耀回忆录（1965—2000）》（二〇〇〇年）

“有些人渴望看到多党政治和执政党轮替的一天。他们应该去看看泰国和菲律宾的情况。执政党不断更迭，导致贪污腐败和治理不当的现象加剧。尽管美式民主理论提出这是其应有的作用，不受任何束缚的媒体却无法清理贪污腐败。更何况，政府和政策的频频更换，也影响了泰国的经济增长，导致失业率上升和政治不稳定。”

二〇〇八年八月十三日在新加坡丹戎巴葛集选区的国庆日晚宴上发表演讲

保护措施的必要性

“不出五年，你就能把这个地方搞垮，而要收拾残局很困难……我尝试这么告诫年轻一代，而他们就说：我们都听过了，老人家是在老调重弹。但我正好知道我们是如何一路走来，也知道我们如何能让一切瓦解。”

二〇〇八年六月二十五日，李光耀出席在新加坡香格里拉酒店举行的一场晚宴时告诉在场嘉宾，一次出人意料的选举结果足以让新加坡这个城市国家所取得的成就毁于一旦。

“问题是要如何建立一个机制，一种符合宪法的方式，不是要干预政府的运作，而纯粹是用一种防御性的、反应性的方法，阻止政府做一些它无权做的事情，例如掏空储备金、让不合适的人选担任要职或降低公共部门的素质……因此我说我们要有一个由人民选出来的总统，但他拥有的否决权必须是有限的。”

针对民选总统制度接受《海峡时报》访问（一九九九年八月七日）

“国家只能有一个执政中心，你的行政权不能有两个源头，得由总理和他的内阁掌握，而他们必须向国会负责。”

“总统是由人民选出来执行一项具体职务的，那就是阻止不称职的政府有恶性之举，但他不能干预政府的运作。他没有发起任何行动的行政权，更不能阻止政府做任何事情。他只能避免政府动用储备金或用错人。”

接受《海峡时报》访问（一九九九年八月七日）

“在我所推行的制度下，我希望即使人民行动党失利，也不会导致新加坡失去一切。如果你撤换所有的常任秘书、三军司令、警察总监和法定机构主管，你将破坏整个制度。总统有五年的时间避免这样的情况发生。还有我们过去积累的储备金不能被掏空……有了这些保护措施，万一一两届大选出了差错，我们还有可能亡羊补牢。如果我们没有这张保护网，只要出现一次反常的选举结果，国家就会一蹶不振。这是新加坡承担不了的风险。”

《李光耀：新加坡赖以生存的硬道理》（二〇一一年）

法律　劳动力　土地

制定法律

“我们的法律和政策并不以任何宗教的教义为依据，而是反映了世俗的政府和国会为维护国家和人民集体利益所作出的判断与决定。在这些法律和公共政策之前，我们不分种族、宗教或社会地位，人人平等。这才能使人民相信，无论自己属于哪一个群体，都能获得体制给予每一个人公平的待遇和保护。”

《李光耀：新加坡赖以生存的硬道理》(二〇一一年)

“我们过去算不上是一个有文化的文明社会，对此我们非但不感到羞愧，反而争取在最短的时间内成为这样的一个社会。首先，我们教育和规劝人民。在说服多数人并赢得他们的支持后，我们就立法惩治冥顽不灵的少数人。这让新加坡成为一个更宜居的地方。如果这就是所谓的‘保姆之邦’，我倒要为促使它的形成而感到自豪。”

《李光耀回忆录(1965—2000)》(二〇〇〇年)

"法律能禁止和惩治滥用职权和玩忽职守的行为，却不能推动人们积极工作和进取向上。只有当人们秉持全力以赴的信念时，他们才会有这样的冲劲。推动我们完成任务的，是一种身为新社会共同创建者和主人翁的意识。"

一九六九年十一月十六日在新加坡全国职工总会研讨会上致开幕词

与劳动阶层团结一致

"和过去数十年一样，现今的劳资关系还算平静。这得归功于像蒂凡那这样的第一代工运领袖所付出的努力。他们不单为工友争取福利，也关心广大社会的福祉。他们总有办法低调而有效地化解纠纷，不对国家造成伤害或导致必要服务中断。对外企来说，劳资关系稳定，是真正吸引它们落户新加坡的原因之一。

为了巩固劳资政三方机制，我们的内阁向来都会有一名工运领袖。一旦劳资政三方相互谅解的关系被动摇，新加坡就会身陷险境。”

《李光耀观天下》(二〇一三年)

“人民行动党和全国职工总会采取了相互滋养的策略，以增进政府领导和工运领袖之间的个人关系和理解。杰出的工运领袖被物色加入人民行动党的领导层、竞选成为国会议员，而当中表现优异者则获委任政治职务。我们委派人民行动党议员到工会工作，借此认识工运领袖和成员，并了解他们面对的问题；一些人也在全国职工总会担任全职工作。”

一九七九年十一月六日在新加坡全国职工总会“迈向一九八〇年代”研讨会上发表演讲

“经济发展非常重要。但社会发展也同样重要。我们不希望看到我们的工人、工头和主管为了升职加薪而只顾听从上级的指示，或是对老板阿谀奉承。我们若要维持这个社会的独立性和独特性，就要做有骨气、坚毅刚强的人，否则我们就会失败。不懂得自重，就无法成为这样的人。我们的工会就本着自尊自重的精神，维护工友作为个人和公民的尊严，让他们也能自尊自重。即便是一个没有任何特殊技能的工友，也是我们的一分子。”

一九六九年十一月十六日在新加坡全国职工总会研讨会上致开幕词

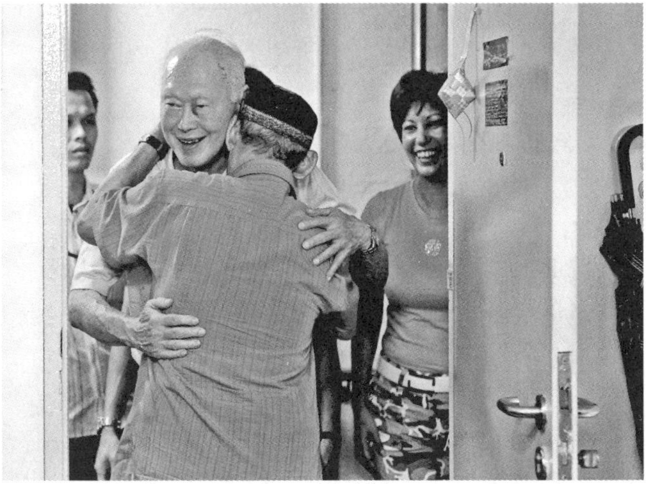

二〇〇九年十一月八日，九十岁的阿里阿末在亨德申岭的家里给予到访的李光耀一个热情的拥抱。阿里先生在一九五〇年代与李光耀结识。他当时是新加坡电车公司的一名司机，而李光耀则是帮助该公司和员工调解纠纷的律师。事隔多年后，两人再度见面。陪同李光耀走访选区的是丹戎巴葛集选区议员英兰妮女士。

打造良好的环境

“为了在这个第三世界地区达到第一世界水平，我们着手把新加坡打造成热带的花园城市……我们没有把中产阶级和工人阶级活动的地区划分开来。英国人过去把东陵和总督府一带规划为白人区，这个地区的环境比‘本地人’的地区整洁、干净和翠绿。民选政府若这么做，可谓一大政治败笔。”

《李光耀回忆录（1965—2000）》（二〇〇〇年）

“即便是在六十年代，当政府还在忙于解决严重的失业问题，以及房屋短缺、医疗卫生和教育等方面的问题时，我已极力主张多种植花草树木。我一直相信，毫无生气的钢骨水泥森林会使人类的灵魂枯萎。我们需要大自然的青葱翠绿来抖擞精神。因此我在一九六七年推出了花园城市计划，让整个岛国绿意盎然，尝试把它变成一座花园。”

一九九五年十月二十日为新加坡植物园内的国家胡姬园主持开幕时发表讲话

“每一个品种的树木都要有合适的生长环境——阳光、雨水、地底下要有充分的空间让树根生长，环境不能太污染。在绿化运动如火如荼地展开之前，我并未发现，每一棵种在马路边的树木都是一个有待解决的工程难题。”

一九九五年十月二十日为国家胡姬园主持开幕时发表讲话

“我们进行建设，并取得进步。但没有一个成功标志能比我们赢得东南亚地区最清洁与绿化城市的美誉更为耀眼。这是因为，一座清洁与绿化的城市只能靠素质和教育水平高的人民来维持。尤其是在一个人口密度高达每平方英里八千五百人的地方，我们更需要有高度的组织性，才能保持环境整洁。我们也需要

人民意识到自己的责任，不单是对家人负责，也要对邻居以及社会内所有会被自己的缺德行为所影响的人负责。只有懂得为社会的集体表现感到自豪，并关心同胞福祉的人民，才能维持良好的个人与公共卫生水平。”

一九六八年十月一日为“保持新加坡清洁运动”揭幕时发表讲话

“人人都知道保持住家整洁、厨房干净、食物卫生和孩子健康的好处，但往往是一出家门就忘了责任。这项运动标志着我们追求更高社会目标的开端。不仅仅是年轻一代要在学校里学习，大人们也要培养新的习惯。”

一九六八年十月一日为“保持新加坡清洁运动”揭幕时发表讲话

李光耀于一九五九年推展一项清洁环境的计划时，在新加坡丹戎巴葛的正祝街亲自用水清洗街道。

世界

“今晚，我没有什么能上新闻头条的消息透露给大家。实际上，我相信执政之道在某种程度上讲求的是，如何避免登上世界各大媒体的头条。”

一九五九年九月十六日向新加坡外国通讯员协会发表讲话

建立联盟

“小国必须多交朋友，越多越好，但同时也要捍卫身为独立主权国家的自由。这个公式的两边——尽可能结交最多的朋友和捍卫自己的自由——是同样重要和息息相关的。”

“国际关系中的友谊，并非建立在善意或个人感情的基础上。我们必须扮演有用的角色，其他国家才会希望看到我们以独立主权国家的身份继续生存和繁荣。新加坡不能把自己的价值视为必然。小国在国际体系当中并不起着至关重要或无可替代的作用。新加坡必须不断重塑自己，保留对世界的价值，并创造其政治和经济空间。这对新加坡的经济而言是必要的。”

“要做到这一点，我们必须和周边国家有所不同，并要有竞争优势……新加坡反复面对的一个问题是，如何让自己有别于邻国，才能够与之竞争并生存下来，但同时又要和它们和睦共处。这是我们长期面对的外交挑战。”

二〇〇九年四月九日在拉惹勒南讲座上发表题为《新加坡的外交基本原则：过去和现在》的演讲

保持开放

“我们让金融体系保持开放，管理浮动汇率也维持不变，并从中获益。每个国家得根据自身的情况判断，让资金和投资自由进出国门是否是好事。”

《李光耀观天下》（二〇一三年）

“我们必须以开放的胸襟看待新移民所带来的多元面貌。如果在学校和工作场所能把这种多元关系处理好，有助于我们开拓视野，促进有建设性的思想交流。永久居民都有可能成为公民，只是在现阶段，也许我们国家或是他们本身还未就成为公民与否做出最后的决定。我们应该逐步帮助他们融入，让他们接受我们的价值观和社会规范，成为公民的来源之一。”

《李光耀观天下》（二〇一三年）

人民自决权

“这是我们面对的首要问题：成为一国人民的意愿。我们必须要有这样的意愿。倘若你我只是先辈到这里讨生活而遗留下的许多个人，而我们这些个人依旧毫无意愿共同争取和捍卫我们的自决权，那我们必定灭亡。会有人来一掌把我们给击倒，霸占这个地方说：‘我喜欢你们这栋房子，你们去搭一间亚答屋

李光耀于二〇〇一年八月参加新加坡丹戎巴葛区的国庆敬礼仪式时，与拉丁马士小学的学生一同宣读信约。

吧，这里归我了。’日军当年来到这里时就是这样，而我们千万不能假设这样的事情再也不会发生。”

一九六七年八月十五日在新加坡亚历山大联络所及女皇镇联络所联办的国庆日庆祝会上发表演讲

“你们是否还记得新加坡被日军入侵时的情形？人们毫无防备。我们先是旁观者，后来成了受害者。这回，我们是参与者。我们会保卫自己的国家。如果还有谁要助我们一臂之力，我会对他们说：‘谢谢你，但请记得我可以保护自己，别搞错了。’”

一九六八年三月二十三日在新加坡丹戎巴葛联络所为国民服役新兵举办送别晚宴时发表讲话

“我们变得越富裕，处境也就变得越危险，除非我们同时也变得强大。所以，趁我们今天为这些年轻小伙子举办这场晚宴之际，我想对他们说：这是我们给你们的神圣任务。不单是为期两年的训练……这只是你们一生为国服务的开始。”

一九六八年三月二十三日在新加坡丹戎巴葛联络所为国民服役新兵举办送别晚宴时发表讲话

“我们的房子虽小，但里头的桌、椅、床要如何摆放，完全是我们自己的事，与朋友或邻居无关。没有人有权利叫我们把床挪到那里，或是把椅子移到这里。这是我们的房子。它虽然不大，却是我们的财产。新加坡人民有权利根据自己的意愿去治理新加坡。”

一九六五年八月十一日在新加坡广播电视台的摄影棚内举行的记者会

社会

基本原则

“基本原则是：要维护多元种族政策，要给予平等的机会，不是均等的回报，而是在教育、住房和医疗卫生等方面提供平等的机会。还有唯才是用制度。这是我们不分种族宗教和谐共处和相互宽容的基础。”

谈到新加坡的政治体系当中不应改变的元素，《李光耀：新加坡赖以生存的硬道理》(二〇一一年)

人人享有平等机会

“我的基本信念是：无论你的出身背景如何，你必须在生活、教育、医疗卫生和营养等方面享有平等的机会。你或许不能像有钱人一样大鱼大肉，但所摄取的营养足以让你发育健全，并能在生活中发挥所长和达致最佳表现。”

《李光耀：新加坡赖以生存的硬道理》(二〇一一年)

二〇一一年一月二十四日，李光耀与新加坡德明政府中学的学生亲切交流。他当时走访包括这所学校在内的几所学校，目的是要了解本地学校和学生的素质，看看政府是否给予人人公平的求学机会。

“全民教育、平等的就业机会、同样的工资、全职工作、一夫一妻制。我们在推行这些政策时，它们显然很有道理，是进步的、有前瞻性的政策。但我们在事后看得很清楚的是，让每个人接受教育，那是完全对的。让每个人有平等的就业机会，那也没错。但我们不应该让女性从事那些让她们无法同时兼顾母亲角色的行业……你无法一边投身像医生或工程师这样的全职的、繁重的工作，一边还得照顾家庭和养育孩子。这很辛苦。一夫一妻制是对的，但我们得做些什么来教育我们的男性。”

一九八三年八月十四日的新加坡国庆群众大会演讲

“我们回不去了，那是不可能的事。让女性受教育这回事，我们不能给它设限。太迟了。我们已把潘多拉盒子打开，骑虎难下。女性肯定不接受。更何况，我们的经济如今也要靠女性来支撑，既需要她们的力量，也需要她们的智慧；她们的体力和脑力。所以我们得向前迈一步，根据新形势来思考问题。换言之，我们要如何改变我们的政策，才能教育她们，让她们有良好的就业机会，让那些受过高深教育的宝贵人才在为眼前作出巨大贡献的同时，也不忘为下一代贡献？这比她们对这一代的贡献更为重要。对这一代来说，她们纯粹是在经济层面上作出贡献。但下一代若没有她们的后代，我们将深陷困境。”

一九八三年八月十四日的新加坡国庆群众大会演讲

融入而非同化

“我连想也不敢想让新加坡政府同化所有的人。百分之七十五的华族尝试把百分之十的淡米尔族(泰米尔族)和印度教同胞,以及淡米尔族(泰米尔族)穆斯林和北印度穆斯林同化成为中国人,甚至都不能说是中国人,而是海外华侨,具新加坡特色的,新加坡式的……”

“但我认为有可能做到的是融入。不是要逼迫大家违背自己的意愿、情感和倾向,融为一体,而是要让大家有共同的价值观、态度和视野,当然也要有共同的语言,最终还要有共同的文化。”

一九六六年八月八日的新加坡国庆群众大会演讲

“星期二晚上,大家都能感觉到一种幸福感和成就感。但这不只是一场演出,不只是让人们走进体育场进行彩排。这是源自生活的真实体验，能让马来族、印族、华族、欧亚族和其他族群的人民一同高唱‘这是我的国家，这是我的国旗’，而不怀疑或感觉这一切是勉强或虚伪的。他们必须相信这是他们的国家。这是强迫不来的。因为他们有着这些生活经历。这些在学校、工作场所、家中以及和邻居相处的感受，让他们说：‘没错，这就对了。’”

一九八八年八月十四日在新加坡国庆群众大会上谈到国庆庆典的盛况

“一九六七年，我们重新启动在社区举办大合唱活动的计划。这项计划我尝试了几十年。我们在一九六〇年代试行过，但不成功。有太多种语言了，他们不喜欢……一九七〇年代我们再度尝试……我说：‘先在学校试试看，从学校开始吧。’这次成功了……部分原因是我们已逐渐有了一个共同的语言，我们或多或少都懂英语。而华人唱印度歌曲也感觉没那么奇怪了。”

一九八八年八月十四日的新加坡国庆群众大会

让人人都有利益

“一九五五年，当我还是反对党成员时，新加坡人动不动就出来抗议某件事的倾向总是让我感到相当吃惊。你只要开口说‘男士们，我们上！’他们就真的冲上去了……后来我想，倘若他们当中有人有一些财产可能会被破坏，或是在发生骚动或动乱时遭殃，他们或许就不会那么毫无顾忌地宣泄自己的情绪了。很幸运的是，我如今面对的情况要乐观许多。当有可能发生骚乱时，工人们会第一时间保护他们的摩托车，因为买车的钱还没还清。我觉得这是个好现象。马克思、恩格斯或列宁或许不会赞同，但我不管他们怎么想，我有自己的问题要解决。而只有当事情关系到每个人的利益时，我的问题才比较好应付。而他们确实有利益。”

一九六五年三月二十二日出席澳大利亚管理学院于悉尼澳大利亚酒店举行的午餐会时发言

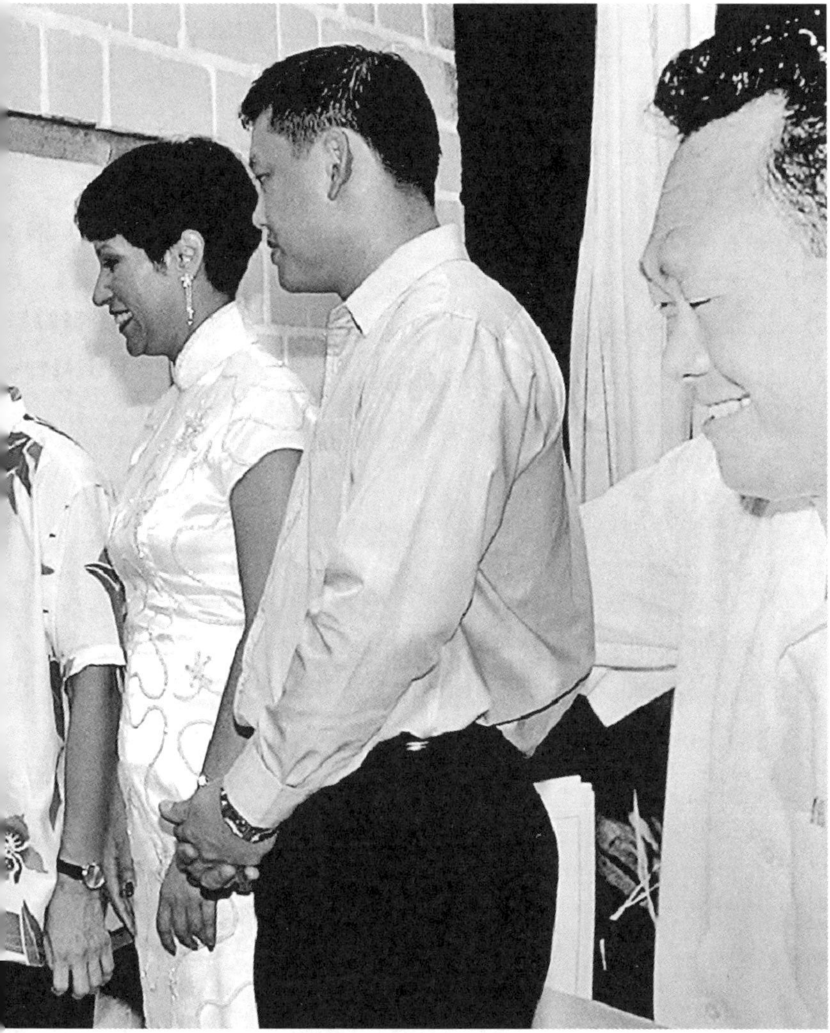

李光耀于二〇〇五年为五十层楼高的新加坡达士岭摩天组屋奠基。站在其旁为丹戎巴葛集选区前任议员顾蔡矶和现任议员英兰妮。

留意差距

“政府必须正视收入差距的问题，否则新加坡人难以上下一心……其实富人向来承担大部分税务，这包括个人所得税、消费税、房地产税等等，帮助提高国家税收，政府才能通过消费税补助、水电费回扣、申购组屋津贴和就业入息补助金等计划来帮助贫困者，而这里列举的只是政府重新分配财富的几项计划。”

《李光耀观天下》（二〇一三年）

“我们如果把私人公寓住户视为比政府组屋住户高一等，那我们就会变成一个分化和脆弱的社会……我们的先辈都是来自印度、中国和印度尼西亚等地的穷人，他们到这里是为了寻找更好的生活。我们当中已取得成功的人，都会有条件不是那么好的亲戚、兄弟姐妹或堂亲表亲，因此我们有责任确保较不成功者的需要都得到照顾。”

一九九六年七月十九日向新加坡全国职工总会发表的讲话

当心福利主义

“应得的利益一旦给了出去，就几乎无法收回。任何政府若有胆尝试，人民就会用选票给予它重重的惩罚……不过，福利社会最坏的影响，并非其僵化或难以为继的本质，而是它会削弱人们努力奋斗的动力。”

《李光耀观天下》（二〇一三年）

“我从一开始就确保，新加坡在福利制度和劳工法律方面，不会朝着同样的道路发展。见过英国人在一九五〇年代如何推行一些政策，我肯定那是将通往毁灭的道路……我们给的是资产，而不是津贴。政府协助你买房子，并填补你的中央公积金户头。你若想把这笔钱花了，那是你的自由，但如果你退休后身无分文，你得自己承担这个可怕的后果。

相反地，如果你保留这些资产，让它们增值并赚取利息，长期而言，你将获益。换句话说，政府会从旁给予一些帮助，但每个人必须负起各自生活的责任。”

《李光耀观天下》（二〇一三年）

定下更高的目标

“一个国家必须有其他的目标。经济增长本身并不是目的。当经济成功之后，你会希望它带来更高的生活水平和生活品质，有休闲、艺术、精神满足、知识满足等。因此，我们也把相当一部分的资金投入文化艺术领域，来打造更优雅的社会。”

接受《天下杂志》访问（一九九五年四月三日）

承认弱点

“许多年轻的移民社会，都被批评为缺乏平衡和不够全面……眼看澳大利亚——也是一个年轻社会，不比我们成熟多少——我就会相信所有年轻社会……都有一点点的自以为是、一点点自我，并把生存看得很重要……一个肯定能让自己进步的方法，就是公开坦诚地承认自己的弱点。要意识到自己的缺点，但不要妄自菲薄，因为新加坡的故事就是凭我们对成功的渴望和决心来谱写的。

一九七七年十二月二十三日向新加坡大学政治学会发表演讲

“你知道新加坡人的性格。他是一个很卖力、很勤奋，且坚毅刚强的人。否则我们不可能成功。但我们也必须认识到，他是一个极爱抱怨的人。”

一九七七年二月二十三日的新加坡国会演讲

学习、思考、成长

“我们最有意义的一项计划，是争取在一年内让所有儿童都有机会上学。”

《李光耀回忆录（1923—1965）》（一九九八年）

“你必须要发掘自己的强处……一个好的教育制度就应该让人发现自己和别人的不同之处。你究竟有什么专长？”

一九九六年八月二日的新加坡电视青年论坛节目

“我不想看到一个人人只懂得卑躬屈膝、毫无动力、我说什么就是什么的社会，因为这样的社会将缺乏活力和生气。与此同时，我也要你们开始思考，而不是重复那些已不合时宜的口号。请开始动动脑筋。”

一九六六年八月二十五日在新加坡印刷业职工联合总会五十四周年庆祝会上发表的讲话

“政府的工作就是让国人发挥最大的潜能。”

一九八三年八月十四日的新加坡国庆群众大会演讲

过去　未来

交接

"我想我们能给予自己最大的肯定，就是去记得在不远的将来要把手中的棒子交给下一代。而一个人能给予自己和团队最大的肯定，莫过于把棒子交给一群志同道合的人，但后者会更年轻、更有活力，且更能应付当前的挑战。我愿意相信你们也会和我一样，把棒子交给不单是有实力，还有头脑和正直的下一代。"

一九六七年三月十八日在新加坡律师公会的首个年度晚宴上发表讲话

“人们在评价政治领袖时，首先是看他们能多有效地为民众的利益行使手中的权力；再来是看他们如何保持持续性，让下一届政府继续维护和增加人民的福祉；第三，人民会看他们在卸任时能否大方地把棒子交给接班人。”

一九九八年九月十三日，李光耀第八次也是最后一次，在新加坡大选后带领新内阁成员在总统府宣誓就职时发表的讲话

继往开来

“在你开始讨论未来之前，请先记得我们如何从过去一路走来。”

一九六九年十一月十六日为新加坡全国职工总会研讨会致开幕词

“过去的经验之所以宝贵，是因为它显示我们如何一路走到现在，帮助我们了解危险和断层线在哪里，并警惕我们不要忽视。它们不会在二十、三十或四十年内消失。但如果我们知道它们存在，这就如同知道自己身在地震区一样。我们可以建造能抵御剧烈摇晃的大楼。这是我的愿望。”

一九九九年五月六日的新加坡国会演讲

“我们从零开始把这个国家建设起来……一百多年前，这里是泥滩，是沼泽地。今天，它已化身为一座现代化的城市。十年后，这里就会变成一个大都会。我们无所畏惧！”

在新加坡独立一个月后的一九六五年九月十二日发表演讲

二〇一二年八月九日，李光耀在号称世界最大浮动舞台的新加坡滨海湾浮动舞台参与国庆庆典。

谈管理

一九八〇年十一月新加坡代表团访华期间，总理李光耀（右二）与出任新加坡政府经济顾问长达二十五年的荷兰经济学家温斯敏在轮船上交谈。一九九六年温斯敏博士逝世，李光耀在悼念他时称赞他“有着透过庞杂细节抓住问题根本的才能……我从他那里学到了很多关于西方企业和企业家的知识”。

一九九五年，李光耀在总理官邸内他的办公室里。

策略

突出自己

“我得出的结论是：一个位于东南亚的城市岛国要生存下去，就不能普普通通。我们必须特别努力让人民更加团结、更加刚强坚毅，且更善于应变。我们做事要比邻国做得好，成本却要更低。因为他们一心要绕过我们，让我们失去身为区域转口贸易港和中间人的优势。我们要与众不同。”

《李光耀回忆录（1965—2000）》（二〇〇〇年）

“我从一开始就有一个简单的生存法则，就是新加坡要比区域国家更有规划。我和同僚想出了两项让我们克服困难的策略：

1我们跳过整个区域。我们的邻国都试图减少和我们的经济联系。因此我们和发达国家建立了联系。跨国公司成为了制造业发展的驱动力，而我们把产品出口给它们。区域内没有其他国家像我们这样做。如今，这项策略的成功已促使所有邻国和整个亚洲仿效我们的做法。

2我们在当时还属于第三世界的区域里创造了第一世界的生活水平。我们在公共及个人安全、医疗卫生、教育、通讯、海空运输以及社会服务方面成功达到世界一流水平。我们成为企业家进军周边发展水平较低地区的大本营。我们训练我们的人民，让他们能够提供第一世界水平的服务。”

《接受挑战——新加坡没有李光耀能否继续生存?》，一九九六年六月七日向新加坡报业俱乐部发表的演讲

“独立后，我千方百计要找出引人注目的办法，向世人展示新加坡与其他第三世界国家的不同。最后我决定让新加坡成为既清洁又绿意盎然的城市。绿化新加坡是我推行过最具成本效益的一项计划。”

《李光耀回忆录（1965—2000）》（二〇〇〇年）

“你不会因为墨守成规或一直跟着别人步伐而受到表扬。你之所以能成为典范，是因为你敢于挑战传统思维，并证明它们是错误的，而你的想法是正确的。”

一九九四年十一月一日的新加坡国会演讲

“新加坡之所以能在竞争非常激烈的世界生存，全靠一个字——‘精’。”

一九八七年八月十三日在新加坡丹戎巴葛区的国庆日晚宴上发表讲话

与历史接轨

"新加坡有意识地与过去的政策接轨。我们接受殖民统治所遗留下的影响。和过去历史接轨,能助我们开拓进新的增长领域……我们鼓励所有英国、欧洲、美国、日本和亚洲企业留下并扩大投资。我们鼓励本地企业家不以取代外企的方式,而是以其供应商或竞争对手的身份进军贸易、制造业和服务业等领域。"

一九九三年十一月八日出席在新加坡丽晶酒店举行的非洲领导力论坛时致词

不断创新

“静止不动无疑是自取灭亡。”

一九九九年十一月二十五日于“五十家杰出企业”颁奖晚宴上发表讲话

“我们要向上开辟新天地，闯出一条新的成功之道。假如我们成功了，别人也会学我们走同样的道路，但我们首先得闯出这条路，并取得成功。我们不应吹嘘自己的策略有多好，特别是在它们还未奏效之前。倘若有一天我们成功了，经济学家和特稿作者就能写一写我们的经验。期间，我们必须低调地梳理我们的方案，予以测试和试行。其中一些或会失败，但如果我们要保持领先，做一盏引导世界走向进步的明灯，重点方案就必须成功。”

一九九六年六月七日向新加坡报业俱乐部发表的演讲

"美国的成功取决于其活力十足的经济，而这样的活力靠一种超凡的能力所维持，让它不仅能以更少资源实现同等的产量，还能不断创新，创造出很快被世界认为有用、可取的创新商品和服务。"

《李光耀观天下》（二〇一三年）

"新加坡通过扮演影响世界的角色藉以其生存与保持繁荣。上个世纪，我们靠的是香料贸易，本世纪靠的则是锡和橡胶贸易。一九六五年独立以后，我们转而发展简单制造业。如今，我们进军的领域包括晶圆制造、制药，以及亚洲货币单位。在世界经济转变的同时，我们也在改变。"

一九九九年十一月二十五日于"五十家杰出企业"颁奖晚宴上发表讲话

"我过去建立的模式，是要在第三世界地区打造第一世界城市——干净整洁、绿意盎然、有效率，以及一个环境良好、有益身心，并让每个人感觉安全有保障的社会。然而，这些优点已不足够。如今，我们也必须成为经济充满活力和多姿多彩的城市，拥有最顶级的交响乐团、音乐会、戏剧、艺术家、歌唱家和大众化的娱乐。这是跨国企业人才和高管人员向往的生活方式……我们能做到吗？只要我们愿意改变和接受新想法，就能做到。"

二〇〇五年四月十九日的新加坡国会演讲

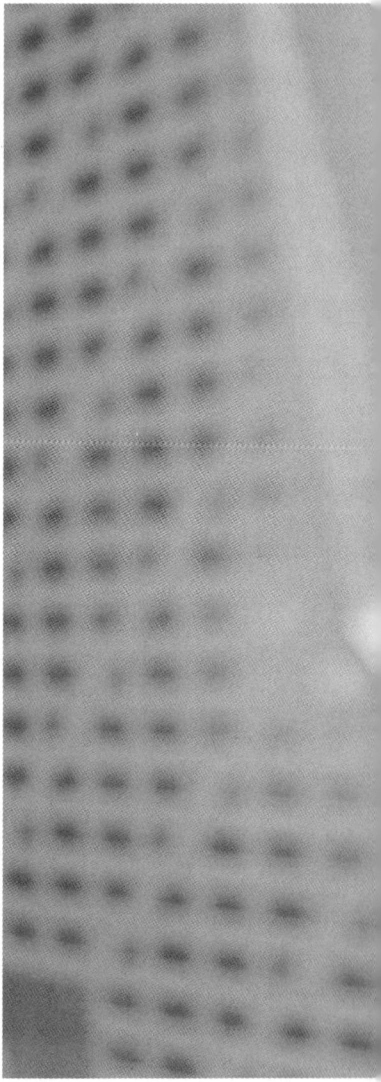

李光耀于二〇〇七年十月在新加坡来福士城二十一周年庆祝会上为其新的品牌形象揭幕。照片上的他正在研究一些新项目的模型。

团队

决定性因素

"世界上的每一个人都应该在生活中享有平等的机会。在公平有序的社会里,一个人不应基于自己或是父母的身份地位,而与别人在财富上有巨大的差别。在我看来,这样的主张显然是公平的……我试过以好些方式来缩小差距,但都不成功,只能逐渐得出结论,这其中的决定性因素是人 ——人的天赋才能,以及他们受过的教育和培训。知识和对技术的掌握,对于创造财富而言是至关重要的。"

《李光耀回忆录(1923—1965)》(一九九八年)

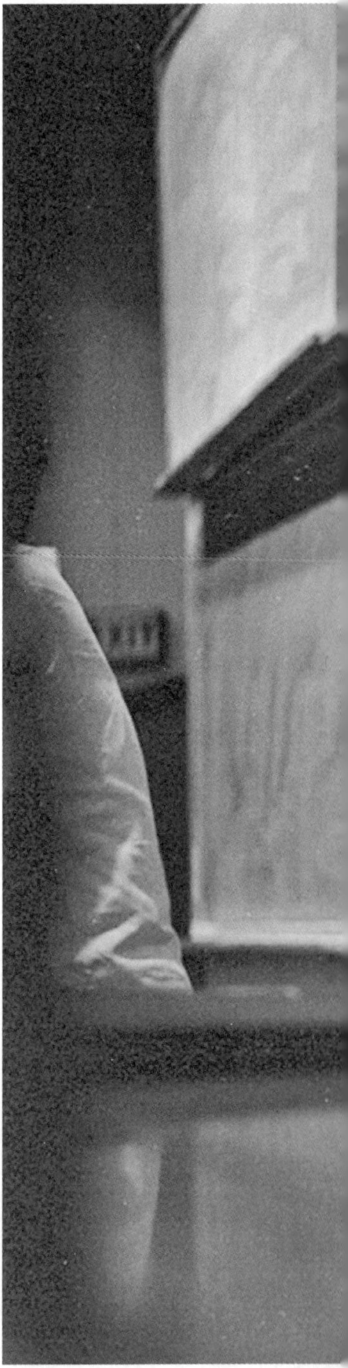

一九六九年六月,总理李光耀在新加坡大学学生会主办的讲座上发表演讲。

Committee
University of S'pore Students' Union
presents
a talk by the Prime Minister, Mr. Lee Kuan Yew, on
"Some of the challenging problems facing
us in the 1970
at 8.00

人才所带来的区别

"我们之所以成功,是因为我们明白,拥有人才是成功的关键。"

《寻找人才》,《我们的文化遗产及以外:新加坡的过去、现在和未来文选》(新加坡全国职工总会,一九八二年)

"我们要吸引并留住人才。人才不单指聪明的读书人,还包括足球明星、网球明星、歌手、摇滚乐手等等。这样我们才有活力。一个国家的成长,必须从城市一个个建设起来。一个城市的成长,则从领域一个个建设起来。他们分析了四种人才:发明家、企业家、导师和超级导师。美国人之所以比其他人优胜,是因为他们拥有这四种人才。他们的文化能吸引人才。"

《李光耀:新加坡赖以生存的硬道理》(二〇一一年)

“截至一九八二年一月一日，我们有一万四千七百六十七名就业准证持有人。他们在制造业的跨国企业、国际银行和商行里担任经理、工程师、银行家、会计师和从事其他专业。由于他们很有才干，他们对新加坡国内生产总值的贡献超出了他们的实际人数所应给予的贡献。他们的头脑、进取心和干劲，使他们的公司业务蒸蒸日上，取得成功。他们提供了就业机会，并加速了我国的经济增长。莱佛士就是借这种让货物与人民自由流动的哲学去开辟新加坡，而这样的哲学也让我们取得成功。新加坡人必须意识到，若没有引进这批具有广泛专长的高素质人才，我们不可能取得过去二十年来的经济增长。”

《寻找人才》，《我们的文化遗产及以外：新加坡的过去、现在和未来文选》（新加坡全国职工总会，一九八二年）

“(里根)身边都是一些有才干的人,进而制定了良好的政策。他懂得如何挑选有能力的人,让他们为他工作。”

《李光耀观天下》(二〇一三年)

“我有二十四年的执政经验,而我知道人才是做好一项工作最宝贵和最关键的资源,不仅仅是在最顶层,而是层层都要有能人来支撑。领导一个政府如同指挥一个交响乐团。你必须集齐所有的乐器和演奏者,而每一个成员都要有所贡献。我认识一位极为能干的领导人,但他没有一个完整的交响乐团,只拥有一支由三个乐器组成的乐队。让我深感痛心的是,我眼睁睁看着一个国家就这样瓦解。西哈努克亲王是一个极有才干的人。但他拥有什么?他有的是宋山、朗诺和其他几个人。他写剧本、当电影导演、参演电影。一个人的能力始终是有限的。”

一九八三年八月十四日的新加坡国庆群众大会演说

“我发现，一个政府部门或法定机构如果让有头脑的人来掌管，这将对重要计划的成功起着决定性的作用。一个聪明绝顶的人在接到一项任务后，会召集其他有才干的人组成上下一心的团队，把项目搞起来……”

“每当我找来管事的人能力不足、资质一般或比一般略好一些，我就得不断亲自敦促与过问，让他们检讨问题、认清障碍和提出解决方案，可到头来还是发现他们没把事情做到最好。不找有能力和才干的人来管事，代价就是感到恼怒，并经常彻底受挫。”

《寻找人才》，《我们的文化遗产及以外：新加坡的过去、现在和未来文选》（新加坡全国职工总会，一九八二年）

“将领若是无能，哪怕军队再骁勇也打不了胜仗。”

一九九八年八月十五日在新加坡丹戎巴葛区的国庆日晚宴上发表讲话

发掘人才

“执政之道是知人善任，而合适的人一般都很有才干、精力旺盛，且为人可靠。他们无论是在商界、专业领域或是政府部门都会表现突出。我花了很多年才领悟到，原来有一种人才，无论到哪里都会凸显一样的特质。所以当我在威廉斯堡会见一百名首席执行官时，而我偶尔也在这里见到当中的许多人，我看到了他们共有的特质——精力充沛、判断力好、充满干劲和信心十足。”

一九九六年五月二十一日的新加坡国会演讲

“人才流动的趋势如今已改变。现在有更少来自马来西亚和区域国家的学生到新加坡求学。他们在马来西亚和印度尼西亚有属于自己的大学。更甚的是，很多人有能力也愿意到澳大利亚、新西兰、英国、美国和加拿大等地留学。大多数人都是一去不返。来新加坡深造的少数学生当中，一些人会选择回国，但多数人会移民到澳大利亚、新西兰、美国或加拿大。这确实很可惜，因为这种愿意在陌生环境重新开始的人，一般都很有进取心和魄力，并一心要取得成功，而这些都是高绩效者的主要特征。”

《寻找人才》，《我们的文化遗产及以外：新加坡的过去、现在和未来文选》（新加坡全国职工总会，一九八二年）

“我花了四十年的时间仔细挑选能担起重任的栋梁之材——部长、公务员、法定机构主席等。因此我研究过不少的制度，并和许多首席执行官谈过话，问他们是如何选拔人才的。”

“最后，我认定壳牌公司拥有当中最好的制度，而政府也把四十种特质简化成三种。他们将之统称为‘宏观透视力’，并予以推行。那么一来，他们就能在世界各地以此评估他们的主管，评价他们的‘宏观透视力’。”

"'宏观透视力'包含什么?分析能力:对事实有合理的掌握,专注于基本要点,从中领悟出道理。你若能在数学方面取到高分,你就具备这样的特质。但这是不足够的。杰出的数学家未必是好的主管。他们必须懂得认清现实,知道什么是可行的。但如果你只是一个很现实的人,你就会变得迂腐、平庸,你会失败的。因此,你必须敢于突破现实说:'这也是可能的。'——要有想象力。"

"壳牌后来又提出了一些其他的特质,如领导力和魄力。那是一种推动自己和身边人付出努力的天赋……而这样的本领确实是与生俱来的。知识能靠后天努力掌握,但倘若你没有这样的能力就是没有。这包括善于提问的本事。你能否看穿一个人,一方面听着他的声音和他所说的话,但另一方面能凭他的眼神和面部表情知道,他其实是口是心非?一个很会提问的人就能做到这一点。"

一九九四年十一月一日的新加坡国会演讲

坏领导
会驱走好领导

"（英国金融家）格雷欣指出，劣币会驱逐流通的良币。同样的，坏领导也会把肩负重任的人才给赶走。"

《寻找人才》，《我们的文化遗产及以外：新加坡的过去、现在和未来文选》（新加坡全国职工总会，一九八二年）

"一个刚掌权的政府做出愚蠢的事，这样的情形我见得多了。他们一遭到自己的官员、将领或警察总监阻挠，就把他们给撤换了，结果搞得全体上下士气低落，日益堕落。好的官员离开，整个团队不久后便元气大伤，而贤能者也不愿加入。这就形成了恶性循环。"

接受《海峡时报》访问（一九九九年八月七日）

"十个顶尖的经理、会计师和工程师能让一个工厂的业务蒸蒸日上，为几千名员工带来好的工作。但如果管理层变得无能，工厂的生产就会萎缩，让上千的工人丢掉饭碗。"

一九七一年八月八日在新加坡国庆日前夕发表的国庆献词

权力的诱惑

"我告诫我的部长、政务次长，以及受委协助部长处理公众投诉的议员，不可让权力冲昏头脑，不可滥用权力。"

《李光耀回忆录（1923—1965）》（一九九八年）

品格与能力

"才干和能力，可以通过学业成绩和事业成就相当准确地评估，品格就没那么容易衡量。在经历几次成功和太多次失败后，我的结论是：确定一个人的品格，比确定才干和能力更重要，也更困难。"

《李光耀回忆录（1965—2000）》（二〇〇〇年）

"我们可以衡量一个人的能力和付出，并从他的生活习惯估量他的心理素质、平衡能力及性格，但对于他的动机和信念，我们只能靠猜测。他在面对险境时能否拿出勇气，是否能表达自己的想法和感受，能否给予他人全力以赴冲破险境的信心。这些都是无法准确掌握的。我们只有在重大危机发生时，才能知道他在长期面对压力的情况下会有何反应和表现……我们只需要有一个船长，一个拥有大副和二副的船长，而三人皆有当船长的资格。之后，就让我们希望至少有一人无论面对多大的压力，都不会崩溃。"

一九七七年十二月二十三日向新加坡大学政治学会发表演讲

精益求精的奖励

“我相信大部分的工运领袖都知道如何让新加坡工友力争上游。现在，我们要他们力求完美。我们要研究如何改善赏罚制度，给予工友足够的训练和监督，但最重要的是要让他们为自己的卓越成就感到骄傲……要让技能更上一层楼是相对简单的目标。要在较少监督下不断维持高水准的完美表现则是困难的。”

一九七九年十一月六日在新加坡全国职工总会“迈向一九八〇年代”研讨会上发表的演讲

“我们是一个勤于学习、领悟力强的多元种族移民社会。遗憾的是，我们多数人也急于求成。新加坡人很重视文凭和个人的法定权利和义务。他们对工作缺乏自豪感，也没有像德国人或日本人那种要把工作做到最好的敬业精神。如果我们要在我们第二次的工业革命中取得成功，我们就要让我们的工友培养这样的敬业精神，让他们为自己和工作感到骄傲。

工友的态度必须有所不同——他们要有积极的心态。”

“日本的砖瓦匠敬业乐业、技术高超，而新加坡的砖瓦匠则非如此。其中的结果在我们的建屋发展局所建造的新镇、甚至是我们的购物商场和办公楼显而易见。十天前，我入住日本日光市一家规模不大的度假酒店，而它精致的施工让我留下深刻的印象。酒店经理向我保证，酒店是由当地工匠在四年前建造的，而不是从东京请来的熟练工匠所完成。那里的一砖一瓦都砌得整整齐齐，每一块木料都刨得均匀、铺得平整……我们若能改变本地工人的态度，他们也能达到这样的完美水平……我们需要从学校开始推动这种心态上的转变，之后更要在施工场所和建筑工地通过新的社会压力和风气将之巩固。”

一九七九年十一月六日在新加坡全国职工总会“迈向一九八〇年代”研讨会上发表的演讲

"一个社会要取得成功，就得在培养优秀者和鼓励平庸者进步之间取得平衡。在同一个社会里，人们既需要竞争，也需要合作。"

一九八七年八月十三日在新加坡丹戎巴葛区的国庆日晚宴上发表讲话

同心协力

"关键的并不是个人表现。这点我相当肯定。你要知道，你的领导可以很出色，但团队若不行，你就无法达标。整个团队必须有能力、耐力和足够的社会凝聚力才能够生存。"

一九六五年四月十五日在新加坡良木山的政治研究所发表演讲

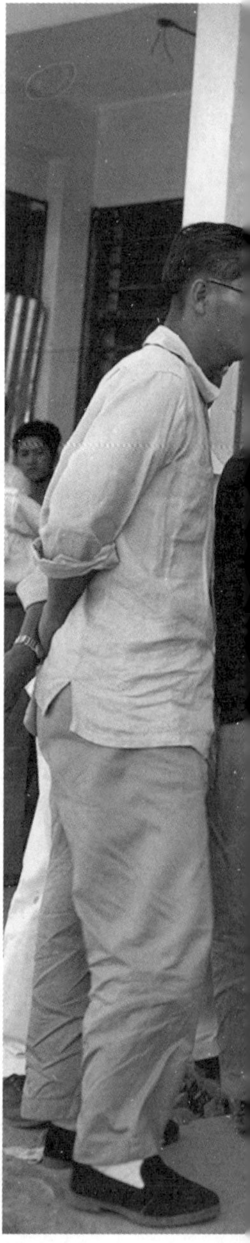

李光耀和工运领袖会面。他曾在新加坡巴士工友联合会于一九五五年四月展开罢工行动时，担任其法律顾问。

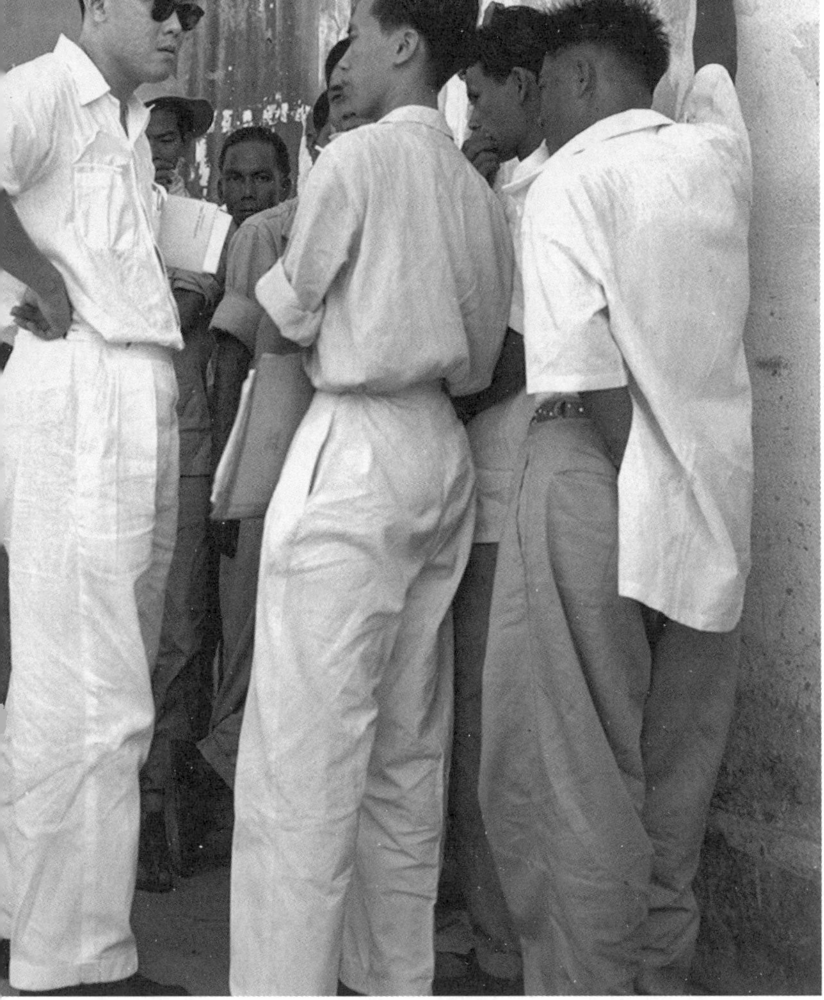
劳工陣

一九五九年十二月，李光耀（右二）在议员的陪同下回到位于新加坡合乐路的劳工与律政部视察工作环境，并告诉时任劳工与律政部长贝恩（右一），自己对改善的环境感到满意。

李光耀于一九五九年出席新加坡电车工友联合会的常年会议。

“执政不单是发表演说。当然，领导人和民众必须沟通和建立关系。更重要的是，政府要有好的判断力和大胆的规划。但最重要的是要有信心，人民和政府之间要能够互信。只有当民众全力支持而不是反对政府时，我们才能取得最佳的成果。当一切看似简单容易时，我们不是得到了上天的眷顾，就是做了正确的决定。”

一九六九年八月八日在新加坡国庆日前夕发表的国庆献词

“那些技能和教育水平较低的人必须觉得，自己是有市场并有价值的。他们只有在把自己视为团队和团结社会的一部分时，才能有这样的感受，觉得自己受到成就更高者公平和公正的照顾……我们能够建立这样的团队精神，一种让个人为团队和国家全力以赴、使其达到巅峰的精神。另一方面，团队和国家也会给予个人公平和平等的照顾。执政之道，就是要建立起团队精神。”

一九八〇年八月十五日在新加坡丹戎巴葛区的国庆日庆祝会上发表讲话

“我读过好几本由将军执笔、写其他将领如何打仗的书籍。它们不断让我想起的一件事就是，从总指挥官按下按钮的那一刻起，控制权就落到了地面指挥官的手上，直到战役结束为止。在战事激烈进行之时，做决定的是上尉、中尉、中士和下士。”

一九七〇年五月八日为新加坡欧南园商场主持开幕时的讲话

沟通

毫不含糊

"我平生面对许多指责，但就连我最大的敌人都不曾批评我不敢有话直说。"

一九五五年五月十六日的新加坡立法议会演讲

"在英文书写方面，我们要求文字简明清晰，不求它优美或雅驯。只要字句简练、意思清楚就好。这意味着要简化、修饰和扼要。打个譬喻：'第三世界国家具有为共同基金持续施压的耐力。进展大概会是递增的，但若能保持适中，或有可能加快。'这是在说些什么？这里说的'递增'是指'缓慢'，'缓慢'我懂，但何谓'有可能加快'？这我就看不懂。"

"我们提高英语水平的最大障碍是脸皮薄。这是一道心理障碍。没有人喜欢停下来问：'请问那是什么意思？'又或者'请告诉我，我哪里弄错了？’不懂装懂是极度愚蠢的行为。这样我们就会开始学习和重复彼此的错误，从而使问题更加严重。”

李光耀谈到英文书面语要简明易懂的重要性，而政府文件所使用的语言更应如此。一九七九年二月二十七日，他和部长、政务部长以及高级公务员开会探讨，如何让政府文件和会议记录的文字更简练清晰。

语言优势

“英语为各种族和籍贯的族群提供了一个中立的语言，大家都能在公平的起跑点上学习使用它。英语让我们直接掌握西方工业国家的知识和科技。新加坡若没有继续使用英语，就无法为经济打下新的基础，并更新自己在国际和区域经济体系中所扮演的角色。”

一九七七年十二月二十三日向新加坡大学政治学会发表演讲

“我相信学习另一种语言可带来优势。马来语并不难学；它在印度尼西亚、马来西亚和菲律宾南部都被广泛使用。我个人就觉得它带来巨大优势。撇开其他的不谈，它让我在无需翻译员的情况下和苏哈托总统举行‘四眼会谈’(单独面谈)。不管翻译员有多可靠，他的存在难免会让人感到拘束和无法畅所欲言。”

一九七七年十二月二十三日向新加坡大学政治学会发表演讲

需要说“不”的时候

“礼多人不怪。就算要拒绝人家，也请保持礼貌，并把理由说清楚。他们来见我，并去游说议员和部长。我在接见自己的选民时，其他选区的人也跑来了，而我礼貌地告诉他们：‘不，请找你们自己的议员去。’如果他们是我的选民，我就会听听他们要说些什么，然后发一张便条，给一些指示。向我解释答案为何是'不'，别改口说'是'。别像个傻瓜。如果你有充分的理由向别人说'不'，就不要改口，但你必须礼貌地告诉人家。"

一九六五年九月三十日在新加坡维多利亚纪念堂向高级公务员发表讲话

需要做讲解的时候

"我斗胆仿效救世军派发传单招募新成员的做法，在此分发一些宣传册子。如果我成功说服一两个人，我的努力就没有白费。但我相当肯定，你们不是来这里听我讲解册子上的内容的。因为首先，我不会比这本册子的作者熟悉它的内容。第二，我想人们也不是因为看了救世军派发的传单而决定加入他们。这当中，总有些什么打动了他们，在他们心中引起共鸣。

二〇一〇年十一月，李光耀出席在新加坡来福士城会议中心举行的惠普新加坡成立四十周年庆祝会，并向在场的商界领袖发表讲话。

而我希望自己能在今天的午餐会上，在这群非常杰出并很有实力的来宾当中，成功引起一两家公司的共鸣。倘若如此，我整个下午的努力也就值得了。”

一九六五年三月二十二日出席澳大利亚管理学院于悉尼澳大利亚酒店举行的午餐会时发言

履行承诺

“这是一次圆满和振奋人心的竞选，尽管中间也出现一些可笑的情况和问题。这是因为，我们的对手是一群绝望的傻瓜，并以为瞎扯和谎言能取代道理。我相信新加坡人民能给予这些政治投机者和那些想要仿效他们的人一个难忘的教训。这个教训就是：如果你在当选后忘了你在竞选时所说过的话，下回就再也没有人会相信你了。人民最多只上你一次当。”

一九五九年五月二十九日选举投票日前夕发表的演讲，《海峡时报》于投票日一九五九年五月三十日刊登

“你要言而有信，言出必行。对于自己打算做的事，我总是轻描淡写，到了真正要做的时候，就要超出预期。”

二〇〇九年九月与莫斯科斯科尔科沃管理学院的学生对话

规划

为机遇做好准备

“我每隔几年再度走访某个选区时，就会看到周围的环境有所改善。人们的衣着更加光鲜，看上去更健康，神情也更轻松自在……我们之所以能成就这一切，是因为我们把自己组织起来、早做规划，并充分利用每一个偶然的机遇。你可以好运不断，但如果你没有打起精神做好准备，好好把握机会，再多的好运也会从你身边溜走。”

一九七〇年六月二十七日在新加坡惹兰登德兰联络所成立十周年庆祝会上发表的演讲

找到自己的立足点

“新加坡人不能靠运气或他人的怜悯求存；我们只有在仔细规划后有力地落实我们的计划，才能生存……我们必须让新加坡的干船坞和浮船坞成为日本和欧洲之间，船只添加燃油和进行维修的最佳选择。我们一旦将自己打造成修船和造船中心，就能在很长的一段时间内保持这个优势。因为无论是机场、港口或是船厂，一旦取得了领先地位，别人就很难取代我们。因为他们面对的是一个设备更优越、技术与技能更高超，并拥有忠实客户的成熟竞争对手。”

一九七一年八月二十二日在新加坡直落布兰雅区的国庆日庆祝会上发表讲话

ESSO

一九七八年一月，李光耀陪同前任英国首相哈罗德·威尔逊（右）参观三巴旺（现称胜宝旺）船厂。离两人不远处是一座耗资五千万元建造的新干船坞，有一艘油槽船正停在该处进行维修。

继任规划

“长远而言，人们要评估的不只是我们作为一个政府的表现，而是要看我们能否为社会持续提供有素质和有魄力的政治领导。有人在评价亚洲一位受人爱戴的总理时这么说，他在位的时间太长，以致他的逝世有如一棵巨大的榕树倒下，树底下和周围竟没有一棵树苗能够取代这棵大树的地位，可见他和他那一代人是如何彻底地控制了整个国家。”

“长江后浪推前浪，更年轻的人才总会有的。而我们必须把知识和心得，以及经过现实考验的治国之道传授给这些年轻人才。这样，在不同时代背景下长大的他们，才能把自己的才干、献身精神和热忱发挥在有意义的事业上。”

一九六七年十一月三十日的新加坡国会演讲

"对于自己是否要在一九九〇年底退下，确实是一道难题。我问自己：哪样比较困难？趁我还能帮助新总理组织好团队和步上轨道时就退下，还是要等到下一个五年任期后自己年纪更大、反应更慢时才功成身退？最终我选择还是趁健康时卸任比较好。"

《接受挑战——新加坡没有李光耀能否继续生存？》，一九九六年六月七日向新加坡报业俱乐部发表的演讲

"到最后，经营的人有多强，体制就有多好。我们千万不能忘记这一点……问题很简单。如果我们不像过去五年一样继续招募人才，我们最终就会枯萎、凋零。我们唯有在未来五年继续吸纳新人，茁壮成长，才能以一个为人民群众利益奋斗的政党所应具备的沉着与自信去面对这个世界。而你得向那些你想招募的人才证明，这是一份有意义的事业，这才能说服他们加入。"

一九五九年七月二十一日的新加坡立法议会演讲

吴作栋(左)和李光耀于一九九二年十二月的合影。吴作栋在一九九〇年从李光耀手中接过总理一职,并在十四年后的二〇〇四年交棒给下一任总理。二〇一五年三月二十九日,吴作栋发表悼文说,自己从这名恩师身上学习到如何为领导层的更新做铺排。

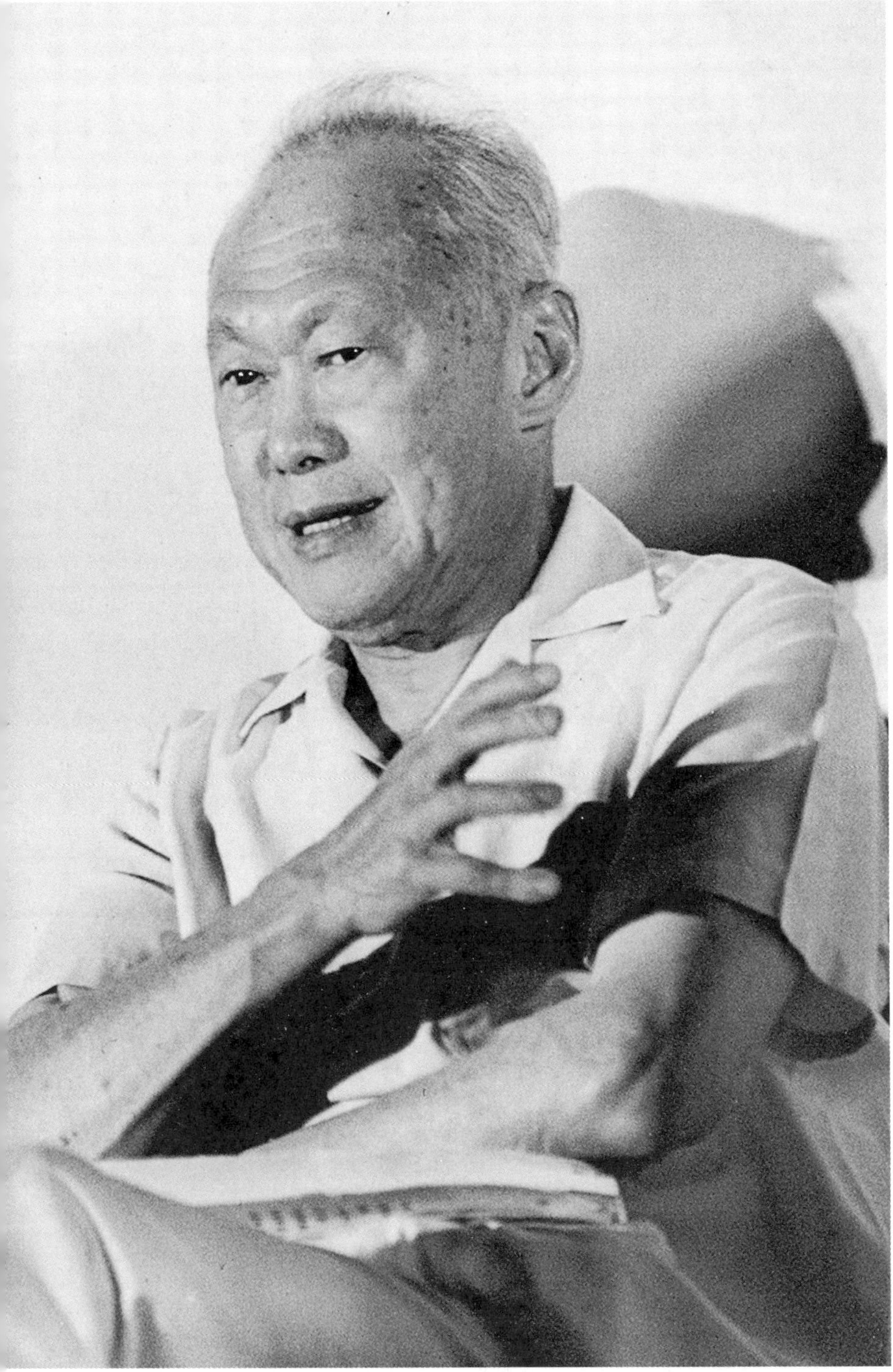

经营方针

确保每一个按钮都能操作

"我要确保每一个按钮都能操作。就算你只是偶尔才会用到,也请保证它每天早上都操作正常。万一我在的时候它不能操作,有人的日子就会不好过,因为我绝不容忍别人做事马虎。"

一九六五年九月三十日于新加坡维多利亚纪念堂向高级公务员发表的讲话

面对事实

"我们接受人的天性本就如此,然后以此作为我们的制度基础。你的制度必须接受人的本性就是这样,要通过赏罚措施激励人们为社会竭尽全力。如果最顶层的人被你抽走太多应得的报酬,他们就会移民他国。"

《李光耀:新加坡赖以生存的硬道理》(二〇一一年)

"绝不要感到沮丧，也别因为受挫而气馁。我们也经历过挫折。一九六四年，这里发生了两次种族暴乱。我们没假装那不是种族暴乱——那就是种族暴乱。我们面对事实。这就是新加坡最大的优点之一——愿意面对现实，包括八月九日在内。我们曾经庆祝六月三日，之后改而庆祝九月十六日马来西亚成立这一天。过后又改成八月三十一日，因为其他人纪念的是这一天。后来就是八月九日。那就八月九日吧，不是因为这是我们想要的，而是现实就是如此。"

"这种无论情况多棘手多恶劣都能坦然面对的能力，是求存的重要特质之一。能够先认清现实和掌握胜算，再决定是否要向前冲的人民，大概是不会失败的。"

一九六六年八月八日的新加坡国庆群众大会演说

不被意识形态束缚

“如果说我们的成功有秘诀，那就是我们时时刻刻都在想方设法把事情做好或做得更好。我向来都不会为理论所困，理性判断现实情况才是我的指导原则。我测试一个理论或计划的方法是：它能否行得通？这是我执政这些年来一以贯之的原则。”

《李光耀回忆录（1965—2000）》（二〇〇〇年）

“人民行动党之所以能生存，并不是因为它总是坚持己见。如果它死守教条或意识形态，就会与现实脱节。每当形势一有变化，我就会问：‘让我们看看有哪些选择，有什么解决方案？’”

"解决方案是谁提出来的并不重要。只要行得通我们就用。假如他脑子里还有很多点子,那就说服他到我们这一边来。"

接受《海峡时报》访问(一九九九年八月七日)

"良政善治包括抛开理论或意识形态的包袱,全力维护国家的利益。务实的政府才是好的政府。"

一九九三年十一月八日出席在新加坡丽晶酒店举行的非洲领导力论坛时致词

"我一向尽量做正确的事,而不是政治正确的事。"

《李光耀回忆录(1965—2000)》(二〇〇〇年)

以最好的为标准

“在我卸下总理职务后的八年半里，我有时间和机会与世界各地最顶尖的银行家和高管人员会面。我得出的结论是：我们之前订下目标要成为东南亚中心是不够的。因为无论你乐意与否，这是一个国际舞台。要在全球市场竞争，你就得有世界级水平的人才……你必须成为全球性的竞争者。这意味着，你的管理层要有国际视野和相关的水准。”

一九九九年五月六日的新加坡国会讲话

多边下注
分散风险

“新加坡是个非常开放的经济体。打从新马分家那一刻起，我们就沦为失去天然腹地的港口城市，除了和世界各地建立广泛的联系，就注定没有其他的发展道路。正因为与世界接轨，我们才能赶上第二次世界大战后经济快速增长的势头，并取得繁荣……我们尽可能多边下注、分散风险，避免过度依靠任何一个外在势力。”

《李光耀观天下》(二〇一三年)

不要停滞不前

“我们都要时刻警惕在某个岗位呆得太久的危险。我们都难免按习惯做事，然而不断重复的语言或思维模式将限制一个人的创造力和想象力。”

一九六七年十一月三十日的新加坡国会讲话

“我害怕的是人们会变得自满。当环境总是在改善时，人们就会想要付出更少，获得更多。”

一九七〇年六月二十七日在新加坡惹兰登德兰联络所成立十周年庆祝会上发表的演讲

李光耀于一九八八年首次正式访问巴基斯坦，并在开伯尔山口的米奇尼哨所眺望不远处的阿富汗。

随机应变

“一个国家的人民是否能生存，还是会被时代的洪流所吞噬，就要看他们有没有迅速应付突发情况的能力。”

一九七〇年五月八日为新加坡欧南园商场主持开幕时的讲话

“小国必须跟得上世界的转变，以务实和冷静

的态度调整其政策和立场。我们必须跟着地球转动，而不是希望地球能围绕着我们旋转。我们要有敏捷的身手，才能在变幻莫测的形势中抓住机遇或脱离险境。”

二〇〇九年四月九日在拉惹勒南讲座上发表题为《新加坡的外交基本原则：过去和现在》的演讲

扫清障碍

“在世界的其他角落，当猪只感染猪瘟时，人们会试图隐瞒，假装没这回事。结果，所有的猪只都会被感染……假如是我们这里暴发猪瘟疫情，我们会在第一时间向外界宣布此事并通知所有人，以控制疫情和尽快让一切恢复正常。这是我们这个社会必须做到的。我们要时刻有一种动力，来对抗体内因这里的气候所产生的一种惰性，并总是对现实有清醒的认识。”

一九六七年八月十五日在新加坡亚历山大联络所及女皇镇联络所联办的国庆日庆祝会上发表演讲

“你认为你今天所见到的新加坡是如何形成的？因为大家都知道，如果我说我们要朝某个方向前进，要达到某个目标，而你有心阻拦我，我就会拿出一台推土机把障碍铲平。我会让每个人都很清楚我们前进的方向，也清楚任何障碍都会被除掉。因此，我们面对的障碍很少。我们扫清了整条大道，顺利迈向目的地。”

接受《新报》访问（一九九五年一月九日）

一种使命感

“谁想要管理新加坡，就得有铁打的意志，否则免谈。这不是在打牌。这关系到你我的人生。我用一生把它建立起来。只要我还在管事，就没有人能把它击垮。”

一九八〇年十二月十九日在新加坡人民行动党群众大会上的演讲（《新国家午报》一九八〇年十二月二十日报道）

“哪怕我卧病在床，即使你们要让我入土为安，只要我觉得有哪里不对，我就会爬起。”

一九八八年八月的新加坡国庆群众大会演说

“坐在轮椅上的人可以作出贡献。我还有两条腿，我能作出贡献。”

八十八岁那年，李光耀针对自己因患上外围感觉神经病变而走路不稳的情况回答媒体的询问。他在一次植树活动上受访说，自己是在两年前患病。（《海峡时报》二〇一一年十一月七日报道）

一九六三年六月，总理李光耀在走访新加坡乌鲁班丹选区前种下一棵黄牛木。他相信，清洁与翠绿的环境将成为新加坡的竞争优势。

谈人生

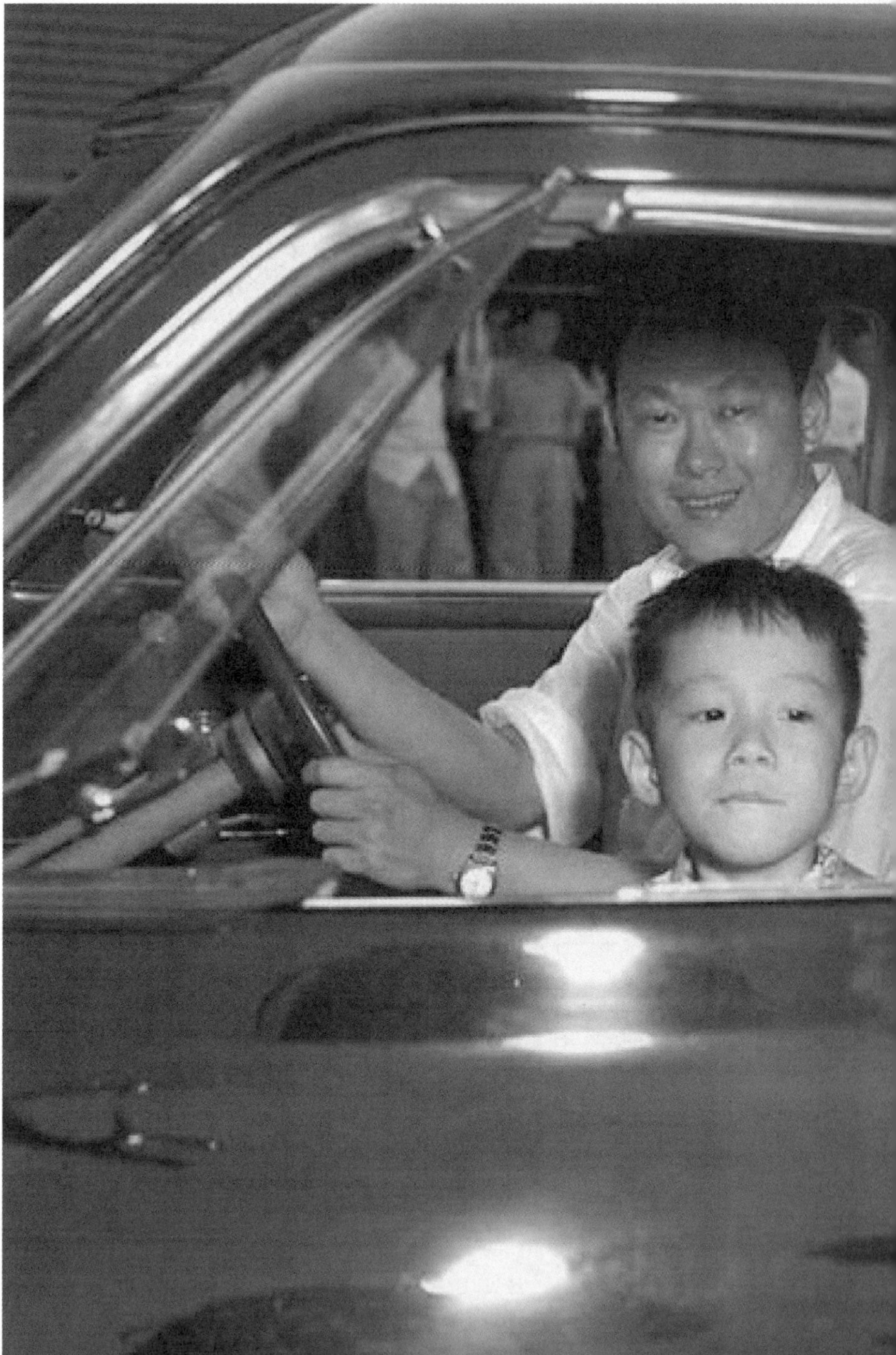

一九五六年，李光耀与妻子柯玉芝及儿子李显龙。

一九九七年九月，李光耀在为一百二十多册《李光耀其人及其思想》签名后休息片刻。

健康之道

重新思考人口老化问题

“我们要教育那些即将退休的人：别退休，继续工作。退休等于死亡。如果你的心态是‘我一到六十二岁就要退休，我老了，不能工作了，是时候享受人生了’，我认为你这是犯了人生中最大的错误。我们要充实地活到最后一刻，只要一息尚存，就要保持活跃。”

二〇〇八年一月十一日在新加坡银发工业会议与展览会上发表的讲话

“如果你认为自己已经老了，总是一副心脏不好的样子，那你就会迅速地走下坡。”

《海峡时报》报道（二〇〇八年九月十四日）

运动

“我以前打高尔夫球，但发现它无法让我充满活力，因为它是一种懒散的运动……打一场九个洞的高尔夫球要花一个半到两个小时。我跑二十分钟就感觉更好。所以，成本效益考量让我放弃了高尔夫球。”

《李光耀：新加坡赖以生存的硬道理》(二〇一一年)

向来对运动十分坚持的李光耀，在百忙之中不忘锻炼身体。(摄于一九九二年)

“现在，我每天在跑步机上走三次——上午十二分钟、午餐后十五分钟、晚餐后十五分钟。”

《李光耀观天下》(二〇一三年)

一九八〇年十一月，李光耀在中国承德火车站的月台上跑步。他当时和随行人员正在等待开往北京的火车。他此行是对中国展开为期两周的访问，和中国领导人进行了内容广泛的谈话。

软卧车
RW9 50609

"有一天我和一名外科医生朋友打高尔夫球。他刚看过关于有氧运动的最新研究。他说，我们应该挑战心脏的极限，好让全身上下和心脏的动脉扩张，并尽可能达到最高的脉搏率，时间越长越好。这么做能强健心肌，而疲惫感在数周后就会消失。我问他是否尝试过。他说他已是年过半百的人，要他原地跑步还把膝盖尽量抬高到胸前的位置太困难了。因此他只是原地踏步。但他向我保证说，他让好几名申诉感觉疲惫和懒惰的朋友原地跑步，并且每天多跑几分钟，如今他们走路时脚步轻快得几乎能唱起歌来。没有一个人因此而倒下。我问他那些人究竟是他的朋友还是他的实验鼠。"

一九七二年十月十三日应邀出席在新加坡香格里拉酒店举行的第五届亚太心脏病学大会晚宴时致词

"我们居住在人工化的城市环境里。有太多人选择乘电梯,走几步路便到巴士站,上班也是乘电梯。许多人没有养成每天运动的习惯。体育运动能有所帮助。这个体育场不仅应该用来鼓励人们观看赛事,还要让他们在看完比赛后,也参与体育运动。"

一九七三年七月二十一日为新加坡国家体育场主持开幕

"虽然我已经八十七岁,但我还能保持健康,因为我天天运动——步行、骑车和游泳。如果你也这样做,那你便能和我一样拥有强健的体魄。"

二〇一一年四月二十三日的新加坡丹戎巴葛集选区家庭日讲话

饮食

“我喜欢吃炸得透的鸡，或是炸得酥脆的鸡腿或是鸡翅。但如今，我会把鸡皮去掉。”

接受《星期日时报》访问（一九九二年五月十日）

“吃下的热量比身体所能消耗的多，简直是愚蠢……人一旦上了年纪就得改变习惯，否则只会让身体不胜负荷。”

接受《星期日时报》访问（一九九二年五月十日）

“我正在适应不同的饮食摄取量，也就是得慢慢吸收，量要少一些。希望我不会因此而饥肠辘辘。肚子饿的感觉不太好，但如果我不这么做，就会给自己带来问题。”

李光耀于一九九六年一月二十三日在新加坡中央医院接受记者访问。当时，他刚动完血管成形术，以扩张冠状动脉内的两个狭窄处，正准备出院。（《新报》一九九六年一月二十四日报道）

“我吃得比应该吃的少，又或者我还没吃饱就不吃了。我每天运动、埋头苦干，天天都睡得很好。我想我虽然没有以前那么活跃，但它还是管用的，足以打一场选战。”

李光耀在八十二岁那年被问及是否将参加来届大选。他当时用手指着头脑说“管用”。(《海峡时报》二〇〇六年一月二十五日报道)有一种限制卡路里摄入量的饮食法，在日本称为“腹八分”。据说这种只吃八分饱的习惯有助于养生和延年益寿。

李光耀于二〇〇八年八月走访新加坡大巴窑四巷的职总平价超市。这是该连锁超市的第一家分店。它是在一九七三年食物价格高涨和商家纷纷谋取暴利时开业的，开业仪式由李光耀亲自主持。

一九六七年四月，时任英国国防大臣丹尼士·希利访问新加坡时，于新加坡总理官邸斯里淡马锡举办的晚宴上用筷子就餐。

抽烟

“我在日据时期开始有抽烟的习惯，因为当时的生活有许多空白。你就是在那里工作，做那些让人感到苦闷的工作，还有坐在那儿抽着劣质的香烟。那算是一种消遣，后来就变成了习惯……”

“在那二十分钟到半个小时里，我在那儿看看群众，感受一下他们的情绪，想想要如何表达自己想说的话，一下就能抽七八根烟。当竞选活动接近尾声时，在维多利亚音乐厅的计票中心，阳台上有一支麦克风。我说不出话来，我的喉咙已发干嘶哑。我当时就认定这是愚蠢的。我没法好好享受食物的味道，嗓子也快哑了。因此我就把它给戒了。”

李光耀在接受《星期日时报》访问时（一九九二年五月十日）讲述自己如何屡次尝试戒烟失败，而一九五七年的市议会选举则是一个转折点。当时，他在竞选期间每晚都得发表两到三场演讲。

"三十来岁时,我喜欢抽烟喝啤酒,后来因为容易在竞选时影响嗓子,把烟给戒了。当时还未有任何研究显示抽烟会导致肺癌和喉癌等各种疾病。不过说来也奇怪,我后来竟变得对烟味特别敏感。"

《李光耀观天下》(二〇一三年)

"我以前会梦到自己又开始抽烟,醒来后发现只是一场梦时,心里会感到很难过。可是,我再也没有碰过一根香烟。对一个从来没有抽过烟的人,我的建议是保持现状。抽烟是愚蠢的行为,因为它会使人上瘾,并且对你没有好处。它不仅会危害你,还会危害你身边的每一个人。"

接受《星期日时报》访问(一九九二年五月十日)

快乐指数

“以我个人而言，在我担任总理的时候是五分，现在是六分，因为少了平日的烦躁……我不可能达到九分。那样我会变得自满、懈怠，并走向人生的尽头。”

《去最幸福的四国找幸福》的作者丹·比特纳在二〇〇八年访问李光耀时，让他从一到十评价自己的快乐程度。(《星期日时报》二〇一〇年十二月五日报道)

“我相信，充实和健康的人生，即便短暂，也比寿命长但百病缠身和凄凄凉凉的人生来得好。我们终究都会面对死亡。我希望能毫无痛苦地离去。就如戴高乐说的：‘不要怕，即使是戴高乐也会死。’而他确实死了。他多么幸运啊，是在睡梦中因心脏衰竭而逝世。”

“当然，最好是在自己家中的床上死去，而不是在汽车旅馆里。想想看，若是外遇的刺激让原本就不太好的心脏突然衰竭，这所引起的闲言闲语会让孩子们感到多么难堪。”

一九七二年十月十三日应邀出席在新加坡香格里拉酒店举行的第五届亚太心脏病学大会晚宴时致词

"我从未想过自己会活到八十岁，而我为自己能活得相当健康而感恩。感谢我的医生让我保持良好的身体状态。虽然得放慢脚步，但我还是能够工作、出远门和做自己以前所做的大部分事情。有很多好听的话，像是什么步入黄金岁月、优雅老去等等。假如是真的就好了。政府都知道必须建立好老年医疗护理体系，那些话有多不可信。眼前，我很庆幸自己还能够缓缓地步入暮年。"

二〇〇三年九月十六日在八十岁生日晚宴上发表的讲话

"关于生死的问题，除了死亡本身，没有什么可以为它寻找定论。无论从哲学、逻辑、医学、道德或法律的角度来看，我们都是有缺点的人。不管是个人还是社会都不是完美的。新加坡也不是一个完美的社会。但我希望，尽管有这些不完美，你们仍能在这里度过愉快的时光。"

一九七二年十月十三日应邀出席在新加坡香格里拉酒店举行的第五届亚太心脏病学大会晚宴时致词

生活

保持凉快

“一九五四年，我和芝在睡房里安装了一台一马力的冷气机。那是我人生中提高个人舒适度和效率的一个转捩点。此后，我们再也没有因为天气闷热而睡不着觉。因此我鼓励所有政府办公室都安装冷气机。”

《李光耀回忆录（1923—1965）》（一九九八年）

“小小的冷气机改变了热带地区人民的生活。在发明冷气机之前，人们的集中力和工作质量会随着天气变热、空气变得潮湿而逐渐下降。午餐时间过后，热带国家的许多商业活动都必须暂停，直到傍晚天气转凉时才能继续。历史上，先进的文明都是在气候较凉快的地带昌盛起来。如今，这里的生活方式已比得上温带地区的生活方式，而热带地区的文明程度已不必落后于人了。”

李光耀于一九九九年接受《华尔街日报》访问时表示，冷气机是过去一千年最具影响力的发明

衣着打扮

二〇一一年四月，李光耀于总统府留影。

“我想不出有什么理由，要以开大汽车或不时更换最新款西装的方式来给别人留下深刻印象……我有很多套簇新西装至今都完好无损，因为我不常穿上它们……其实，我年纪越大，就越不愿意花时间穿西装打领带。我就穿上一件束腰外套或是有纽扣的中式外套，这样可以省去很多麻烦。这些衣服我已经穿了很多年，穿上去感觉非常舒适。”

《李光耀：新加坡赖以生存的硬道理》(二〇一一年)

"你不够钱买衣服吗?"

李光耀于二〇一五年三月二十三日逝世后,妹妹李金满在接受《海峡时报》访问时忆述,哥哥有一回觉得她穿着太随便,就这么问她。

"你这戴的是什么?"

妹妹李金满在受访时(《海峡时报》二〇一五年三月二十四日报道)忆述,李光耀有一回嫌她戴的钻石耳环过于耀眼而这么问。她过后把耳环上的钻石重新打造成胸针。

"讨论这个是在浪费时间。"

一九五七年一月十五日的新加坡立法议会会议上,当议员们热烈讨论着立法议会厅的着装守则时,李光耀提出了上述看法。

二〇〇五年,李光耀于一年一度的新加坡青特岗部长论坛上讲话。

公众形象

“这没什么作用。别人向来是以我所能做到的事以及对人民的承诺来评价我。至于我的家庭生活美满与否,就算那些想挖内幕并大做文章的记者很感兴趣,这也是无关紧要的。重点是我能不能专注把工作做好。”

《李光耀:新加坡赖以生存的硬道理》(二〇一一年)

“我一生就遵守一个简单的原则:害怕让人公开拿出来议论的事,自己私下就不要做。如果私下做了某件事,我或许得保密一段时间。但当事情浮出台面时,我会准备好为自己辩护。”

一九九六年五月二十二日的新加坡国会讲话

学习

自小养成的习惯

“自小养成的小习惯才重要，这点要铭记于心。要站有站姿，挺直腰板，不要一副不修边幅的样子；说话要口齿清晰，有话直说，不要闪烁其词、拖泥带水；要注意行为举止是否端正，不要欺负弱小，而是要帮助弱者做他们无法做到的事情。这些都是好的习惯。如果你们能将这些基本准则融入生活，我可以肯定，你们的老师会感到骄傲，因为他们已履行了职责，让你们能在未来过得充实。而我们的社会也会因公民的集体努力而欣欣向荣、变得更好。”

一九六七年五月十五日在新加坡圣约瑟书院校庆上发表的演讲

终身学习

"如果有一天，你再也不能适应、再也无法改变，那就是你枯萎、凋零的开始，仅此而已。假如有一天，我再也无法学习新事物，并与世界脱节，那我就成了废人。"

二〇〇三年七月二十三日的新加坡全国职工总会对话会

改变

"有时候，情况会有所改变，让原本舒适安逸的生活受到冲击。这时，你就要有心理准备为克服挑战作出艰难的选择，从而攀上新的高度。通往高处的道路并非一帆风顺。环境总是在改变，甚至是体制内也会发生变化。但你要有咽下苦口良药的准备。"

二〇〇七年八月七日在《海峡时报》与新加坡经济发展局学会联办的"新加坡开拓者"系列讲座会上发表的讲话

生活享受

“生活不仅仅是吃吃喝喝、看电视和看电影……人的大脑必须有自发性的创造力；它不能单靠各种玩意儿自娱。”

一九七〇年二月二十八日出席在新加坡裕盛联络所举行的农历新年及哈芝节庆祝会时讲话

体罚

“有一回我被校长麦克劳德打鞭。他为人公正，严格执行纪律，铁面无私。有一条校规规定，学生一个学期迟到三次要打三鞭。我是个夜猫子，不是什么早起的鸟儿，早上总是迟起。一九三八年，我在一个学期里迟到三次，级任老师送我去见校长。由于我曾经在颁奖日领过多次奖品，也得过不少奖学金，因此校长认得我。但他并没有在训斥我一番后就放过我。我趴在一张椅子上，隔着裤子被狠狠地打了三下。我不觉得他有手下留情。我从不明白西方教育家为何如此反对体罚。它并没让我和同学们受到什么伤害。”

《李光耀回忆录（1923—1965）》（一九九八年）

科技

“科技日新月异，如果我们无法让工人赶上时代的步伐，他们可能会失去工作，因为他们将无法操作可能出现的新型机器。我已经七十多岁，也得这么做。”

李光耀指的是自己在学用电脑方面所下的功夫，目的是为了能够与内阁同僚通过电邮沟通。（《新报》一九九五年五月五日报道）

“这对那些不是首席执行官的人来说不够好。我们的整个劳动人口必须熟悉电脑和互联网的操作。”

李光耀在二〇〇〇年八月十三日出席新加坡丹戎巴葛区的国庆日庆祝晚宴时谈到，他见过一些美国首席执行官在利用电脑发表报告时，依赖秘书事先把资料下载到笔记本电脑里，以便自己按“上”“下”两个键就能操作。

李光耀于二〇〇〇年九月应《海峡时报》邀请，通过网络聊天的方式与网民交流，并回答有关新书《李光耀回忆录（1965—2000）》的提问。除了畅谈政治课题，他还和网民分享自己的生活点滴。

互联网

“我们无法对它(互联网)进行审查,因为(人们可以)使用(新加坡)境外的服务器。你必须让家长、教师和同辈去把好这个关,由他们来说:别浪费时间(浏览色情网站)。这是我们在地球村里生活的一部分,若想要成功,就必须学会适应,并活得健康。如果你沉迷于网络上的这些色情、毒品和赌博等不良内容,那么你就完蛋了。”

二〇〇九年七月接受《国家地理》杂志访问

语言学习

“没有人能以同样的程度精通两种语言。如果你觉得自己能做到,你是在欺骗自己。”

为新加坡华文教研中心主持开幕时的讲话(《海峡时报》二〇〇九年十一月二十二日报道)

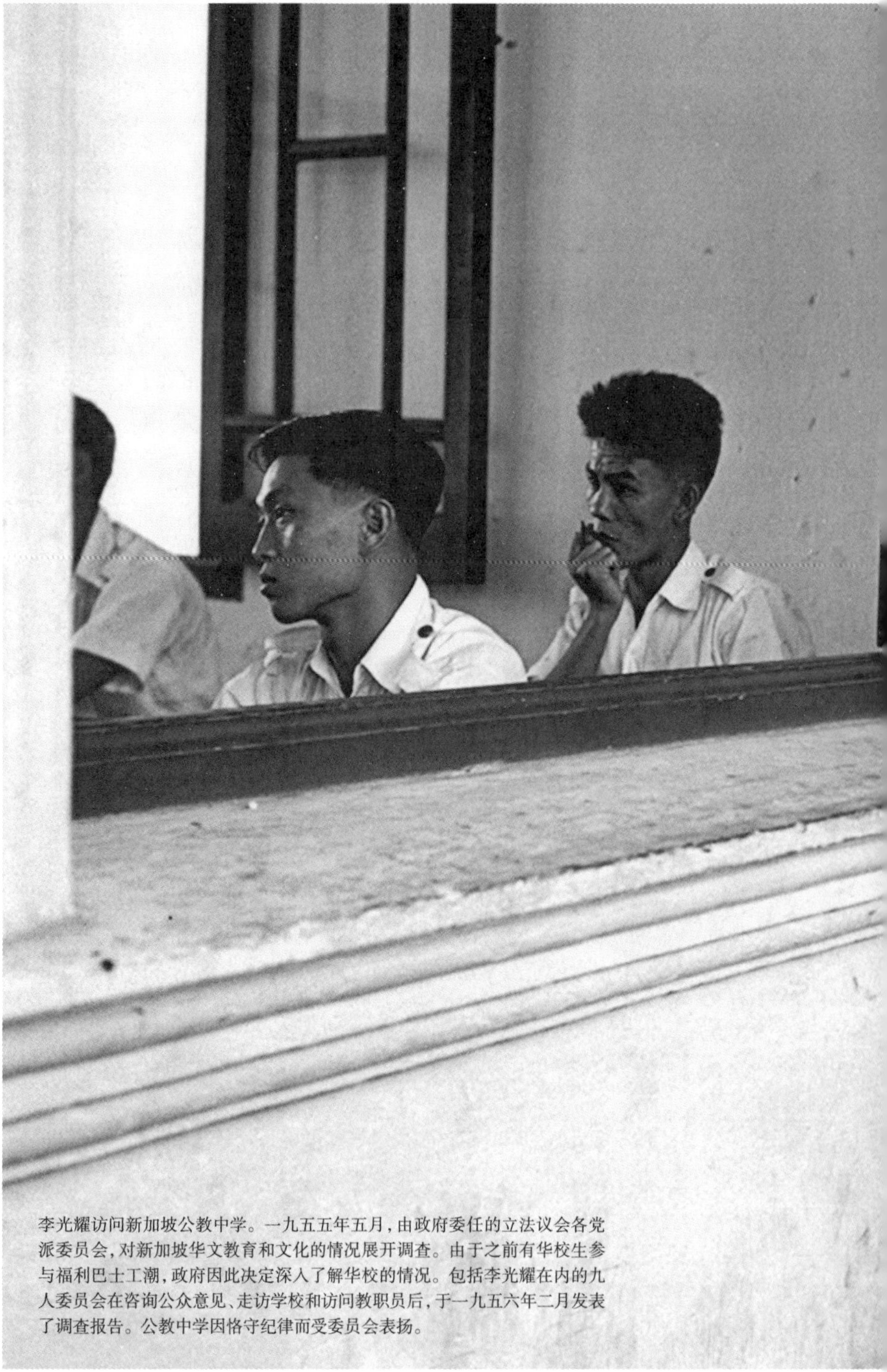

李光耀访问新加坡公教中学。一九五五年五月，由政府委任的立法议会各党派委员会，对新加坡华文教育和文化的情况展开调查。由于之前有华校生参与福利巴士工潮，政府因此决定深入了解华校的情况。包括李光耀在内的九人委员会在咨询公众意见、走访学校和访问教职员后，于一九五六年二月发表了调查报告。公教中学因恪守纪律而受委员会表扬。

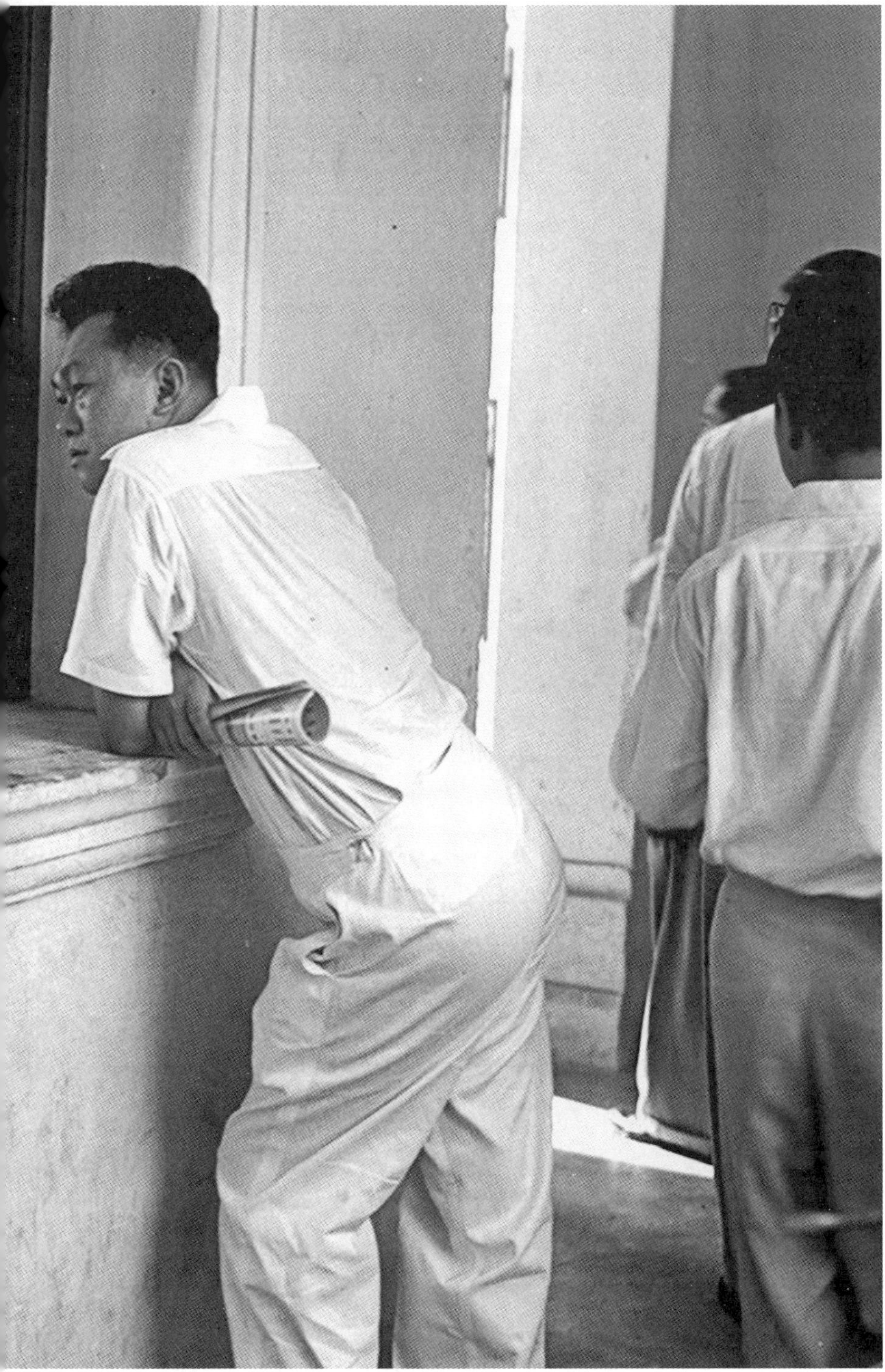

“我给所有家长的建议是：别管孩子在小学和中学遇到多大的困难。让他们学习发音、句子结构和单词。他们不需要考到A或A*，甚至也不用考到B或C，但只需要培养语感。因此，请所有的家长和年轻学生听着，不管面对什么困难，坚持下去就对了。不要和它脱节，否则你将失去很宝贵的东西。”

《海峡时报》报道（二〇〇七年七月十五日）

“随着中国崛起成为经济大国，我们对于华文的掌握和中华文化的了解，在世界各地是很吃香的。所以我们也希望马来同胞能保持马来语的生命力。那么，我们在同马来西亚、印度尼西亚做生意的时候……就很容易。我们也要有一些通晓马来语的非马来族官员。印族同胞也要保持各自语言的生命力……淡米尔语（泰米尔语）、乌尔都语、印地语、旁遮普语。甚至是我们的阿拉伯人，我们也在尝试鼓励他们重新学习阿拉伯语，以便和海湾国家的人沟通联系，那我们就能和他们做生意。”

李光耀指出新加坡人同时掌握说英语和母语的能力，如何为个人和国家取得文化上和经济上的优势（《海峡时报》二〇〇七年七月十五日报道）

总理李光耀（坐者左三）于一九六七年六月走访芽笼士乃。当时，他暗示政府正在酝酿重大的计划，改善新加坡马来人的教育、社会和经济地位。

"回想过去,要是新加坡家长更大胆的话,我大可开办一项特别课程,让一些人在小学阶段多学华文,少学英文,尤其是那些在家里讲英语的学生,要让华语在他们的脑海里扎根。这样就能帮助他们打下华文的根基。目前的情况是,他们在学校里、工作上和人生中不断挣扎。但新加坡的家长和学生都把英文摆在第一位,因为他们要争取好成绩。从某种意义上来说,他们是对的,因为即使你的华文水平是一流的,但倘若英文程度不够好,你就处于劣势。"

《李光耀:新加坡赖以生存的硬道理》(二〇一一年)

"如果你只看得懂和通晓英文,那你就处于很不利的地位,因为你将不清楚新加坡一大部分地方发生了什么事。"

一九七六年十二月二十日在新加坡浮尔顿广场的大选午间群众大会上发表演讲

方言

“学习方言不但会加重孩子的负担，还会剥夺他们学习中英文的时间与精力。由于在词汇、语音和句法上有所不同，方言也会干扰孩子对中英文的学习。有了华文，我们能够和全中国的十三亿人沟通，而方言顶多是在祖先居住的乡镇或省份才有使用。如果你想要孩子学好华文，那就跟他们讲华语。别为孩子学英文的事情操心，他们会在学校学习英文，和朋友用英语交流，考试也用英文作答，自然而然就学会。”

二〇〇九年三月十七日在新加坡全国职工总会大厦为“讲华语运动”三十周年庆祝会致词

新加坡式英语

"新加坡人说英语时掺杂华语和马来语，使之成为新加坡式英语，也改变了一些英文单词的意思，例如用英文里的'模糊'(blur)来指'糊涂'。更糟的是，新加坡式英语采用的是华语的句子结构。其实我们是在创造新的语言。每个家庭都能发明自己独有的语言。这没什么不对，只是除了家人以外就没有人能听懂你在说些什么。我们学习英语的目的是要了解世界，也让世界了解我们。"

一九九九年八月十四日在新加坡丹戎巴葛区的国庆日晚宴上发表讲话

语言和身份认同

"我为何要坚持新加坡人都必须学习自己的母语？就拿华人来说，我为何非要他们学习华文？当有越来越多华族家长为了让孩子有更美好的前途而把他们送到英校就读时，我们大可无视华文的学习。今天，英语仍是世界各地的通用语言，就连中国也要国内的学生掌握英文，我为何还要坚持让我们的学生把华文当作第二语文来学习？”

“因为我相信，语言能传承价值观。学习华文，意味着同时吸收中国历史、传统与文化的精髓。儒家思想中的忠、孝、仁、爱、礼、义、廉、耻，这些价值观对于建设一个国家和培养国民的素质与情操来说都至关重要。它们在瞬息万变的世界里能充当我国人民的文化基石。要精通中英两种语言，需要付出巨大的努力。但如果我们要让这个独特的社会生存下来，就得付出这样的努力……我们不仅要让我们的人民学习华文，马来人也要学习马来文，淡米尔族（泰米尔族）同胞也必须学习淡米尔文（泰米尔文）。我们的学校要以母语传授每个族群的基本价值观与文化。我们的孩子要学好英语和母语。毕业以后，他们就会慢慢了解父母的苦心，并感激父母没有让他们走捷径，只学一种语言。”

《李光耀：我一生的挑战——新加坡双语之路》（二〇一一年）

多讲华
少说方
全国推广华

一九七九年九月七日，李光耀于新加坡大会堂为讲华语运动主持开幕。他当时不断呼吁华族家长不要在家里说方言，并改而讲华语，以减轻孩子的学习负担。

投资之道

泡沫必然会破裂

"有一种疯狂的趋势，让人相信可以不劳而获，只要干一些朝买夕卖的事，就能获利。"

"那些想要赌一把的人，政府没有什么办法把他们从贪婪和愚蠢的深渊解救出来。许多人因为参加银会并贪图过高的利息而亏钱。"

"那些炒股票的人要切记后果自负，尤其当他们对发行股票的公司、国际货币市场，或是货币平价和投机性短期资金流入等问题的了解不多。当经济每年以约10%的幅度增长时，要每个星期赚取10%的利润是不可能的事。泡沫必然会破裂。"

一九七三年二月十七日在新加坡总统府的农历新年招待会上对五百名社区领袖发表的讲话。(《海峡时报》一九七三年二月十九日报道）在李光耀发表这段讲话之前的一个星期里，新加坡海峡时报工业普通股指数上升至611.36点，但十天后，受到银行收紧信贷，以及国会提出《证券业法案》，让财政部长对股市有更多监管权和禁止某类型股票交易的影响，指数在一九七三年二月二十七日跌至455.69点。

商业周期

“请记住房地产价格是有其周期性的……所以当房价上涨时，不要以为它会不断地向上攀升，而你也开始不断地换购更大的房子。”

“商业周期的本质，是繁荣与萧条的交替循环。你不仅要能熬过经济不景气的时期，之后还要变得更加顽强。”

二○○八年二月十一日在新加坡丹戎巴葛区的农历新年晚宴上发表讲话

一九五九年九月，总理李光耀走访几个组屋区和工地。当时，政府推出了大规模的建屋计划，宣布要建造八万三千五百多个政府组屋单位。

人际关系

关于爱情

“我不相信一见钟情。我认为那是大错特错。你只是被对方的外表所吸引，最终定会后悔。”

《李光耀：新加坡赖以生存的硬道理》(二〇一一年)

“希望你能考到博士学位，也能找到男朋友。”

在南洋理工大学举办的一场对话会上，李光耀在回答了一名博士生有关社会凝聚力的提问后，反问这名二十七岁的女学生一些有关她个人生活的问题，并建议她尽量在三十五岁以前生育。(《海峡时报》二〇一一年九月六日报道)

二〇〇六年一月七日，李光耀和妻子柯玉芝出席新加坡牛车水新桥路的农历新年亮灯仪式。

关于性取向

“不，这（同性恋）不是一种生活方式。你大可去找书本还有一切的相关资料来看。你知道那是因为基因有别，所以他们天生如此，就是这样。所以如果有两个男人或两个女人是这样，那就随他们去吧。”

《李光耀：新加坡赖以生存的硬道理》（二〇一一年）

择偶之道

“做人要有自知之明。你只要看一看自己的兄弟和堂亲表亲，就知道一般人的长相不过如此。如果你要以新广（新加坡广播局）电视明星为标准，那你就麻烦了。哪怕你穷尽一生去找一个理想丈夫，这个人也不存在。而所谓的绝色佳人也只是靠精心化妆和打扮打造出来的。”

一九八八年八月十四日的新加坡国庆群众大会演讲

“很多医生的儿子都娶医生为妻。那些配偶没那么聪明的，现在可都发愁了，因为他们的孩子都不行。我活到这个年纪，这样的情况见得多了。”

《李光耀：新加坡赖以生存的硬道理》（二〇一一年）

“所以当一个大学毕业的男子不娶大学毕业的女子为妻时，我会说他是个笨蛋，骂他愚蠢。你去娶一个没有念大学的妻子，你以后会有问题，一些孩子聪明，一些孩子没那么聪明。你会气疯的，准没错。就像掷一对骰子一样。一个有J、Q、K、A，另一个也有J、Q、K、A。而你却掷出了J、Q、K、A和二、三、四、五、六。你会得什么？两个加起来肯定不是高点数，更别说是同花顺了。”

《李光耀：新加坡赖以生存的硬道理》（二〇一一年）

“如果不把女大学生包括在你的基因库里，任由她们嫁不出去，那你这个社会的整体智商就会下降……接下来会发生什么事？到了下一代，就更少些聪明的人来养那些愚笨的人。

那是一个问题。”

一九八三年八月的新加坡国庆群众大会

“仍有太多的男人宁可娶学历较低的妻子，因为他们相信这样的妻子较容易相处。我认为这是目光短浅的想法，因为他们的生活中将缺少心灵相通的伴侣。他们的孩子则会因为学业成绩不够理想而需要在外聘请更多补习老师。还有一点也很重要，也就是这将不利于他们本身的事业发展，因为政府机构和大公司如今在提拔员工时，会考虑其妻子担任首席执行官、总裁或副总裁夫人的能力。”

一九九四年八月十四日在新加坡丹戎巴葛区的国庆日晚宴上发表讲话

“在我还未在一九八三年提出女大学生单身问题的许多年前，当我们的孩子还在念书时，我和芝就告诉孩子们，在他们长大后嫁娶时，他们只能期盼孩子和配偶一样聪明。他们都是同与自己匹配的对象结婚。”

《李光耀回忆录（1965—2000）》（二〇〇〇年）

婚姻

“我的妻子是力量的泉源。我有信心万一我出了什么事，她一定能够照顾好我们的三个孩子。她确保他们都有很好的家教和教育。我无须为他们的生活起居操心。我在加入反对党后仍继续执业，而她当时也帮我处理一些律师楼的业务。在我组织政府以后，我经常没有时间修饰我的演讲稿。我会把稿念出来，让她帮忙润饰，然后由我自己做最后的修改。当然，如果她不同意我的看法，我们就会展开辩论。但她明白，最终的论调必须由我来决定，因为我得把零零碎碎的信息融为一体。她是一个很体贴、很稳重的人，做事情会深思熟虑，绝不轻浮轻率……我想她不是什么爱交际的社会名媛，因此这节省了很多时间。”

李光耀在过七十岁生日时接受《联合早报》的访问（一九九三年九月十六日）

“我和妻子自一九四七年便在一起，超过了我们四分之三的人生。我对她离去的悲伤非言语所能表达。但今天，回想起我们共度的日子，我想要歌颂她的人生。在我们静下来的时刻，我们会重温我们的生活和在一起的日子。我们是非常幸运的。在生命中重要的转捩点，我们得到命运的眷顾。这些年来，她影响了我的写作风格。现在，我写作时会用简短的句子和主动的语态。在我们彼此适应和包容的同时，我们也逐渐影响对方的生活方式和习惯。我们知道我们不可能一直停留在不切实际的恋人阶段。生活是永无休止的挑战，不断有新的问题需要解决和处理……我们共度的六十三年，带给我许多珍贵的回忆。没有她，我会是个不同的人，过着不同的生活。她为我和我们的孩子奉献一生。我需要她的时候她总是在我的身边。

一九五〇年九月三十日，李光耀夫妇在新加坡莱佛士酒店举行婚礼时共切结婚蛋糕。

二○○○年九月十六日，李光耀和妻子柯玉芝在他的生日庆祝会上，肩挨着肩一同吹熄生日蛋糕上的蜡烛，感情五十年如一日。

她的一生充满温暖和意义。我应该为她充实的八十九年人生感到安慰。但在这诀别的时刻，我心中充满悲伤和悲痛……她告诉我，她的遗愿是让孩子把我们的骨灰安置在一起，就像我们生前形影不离一样。”

李光耀于二〇一〇年十月六日在妻子柯玉芝的葬礼上发表的悼文

“我们把婚姻看作是一生的承诺……眼前这一代的双收入家庭，把个人满足感看得比家庭稳定更重要。”

李光耀于二〇〇〇年九月二十九日在网上与六百多名网民聊天时表示，他和妻子是来自另一个年代的人。这场活动由《海峡时报》主办。

一九九八年三月六日，李光耀和妻子柯玉芝在伦敦的杜莎夫人蜡像馆与他的蜡像合影。

子女

“我们这里属于父权社会，无论是华族、马来族或印族新加坡人，都仍深受传统观念所影响。人们依然非常重视传宗接代，后继有人。这样的观念根深蒂固，却也在慢慢式微。因为女性有权利接受同等的教育，同样可以上大学，在工作上也享有同样的机会。”

在一九七四年一月接受《观察家报》访问时，谈到新加坡父母重男轻女的倾向

“管家跑了五六十码，把球给捡回来。我和妻子看后说‘不、不，如果我们在这里住五年，孩子们长大后会以为人生就是这样，总会有人替他们捡球’。所以我们选择住在（欧思礼路的）家里，而我觉得这对他们是有益的。”

李光耀于二〇〇九年十月十九日在一场大学论坛上分享了一个小故事，讲述他和妻子如何确保孩子学习自立，以及他为什么选择搬离新加坡总理的官邸斯里淡马锡。总统府（注：斯里淡马锡位于总统府内）的洋房建在山坡上，而孩子们当时正在玩的球滚下了斜坡。

一九六二年七月，总理李光耀牵着活泼好动的女儿李玮玲。

身为父亲

“我不这么觉得，因为首先，我们每年都会一同到外头度假两个星期，有时一年会举家出游两次，一次长达一个星期，另一次则是全家出游两个星期，不是到金马伦高原就是到福隆港，感受一下不同的气候。就算是在新加坡，我以前在走访选区时也会带他们去上半天，我的孩子和妻子有时都会跟着。”

李光耀在过七十岁生日时接受《联合早报》的访问。(一九九三年九月十六日)当时记者问他，孩子年幼时是否会因为父亲政务繁忙而觉得缺乏父爱。

华人的家庭关系

“我相信，中华文化的精髓不在于我们如何庆祝农历新年，或是其他表面的事物。中华文化有一些比较根本的特征，特别是它非常注重亲子关系、兄弟姐妹的关系、夫妻关系，以及家长的威严和晚辈的责任。这些都是文明社会重要的特质。把社会和家庭利益放在个人利益之前，敬爱和奉养父母——这些才是我们应该保留的基本华人传统价值观。”

《李光耀：我一生的挑战——新加坡双语之路》（二〇一一年）

关于来生

“我希望来生能与妻子重逢，但我不认为这是可能的。我将不复存在，就像她已不存在一样。否则，另一个世界岂不是太拥挤？”

《李光耀观天下》（二〇一三年）

老战友

“我想补充说，就像其他的老干部一样，我对老战友有一份很深厚的情感，尤其是那些陪我经历各种考验、值得我信任的人。他们在战斗中没有让我失望。”

一九八二年十一月十五日在新加坡人民行动党大会上致词

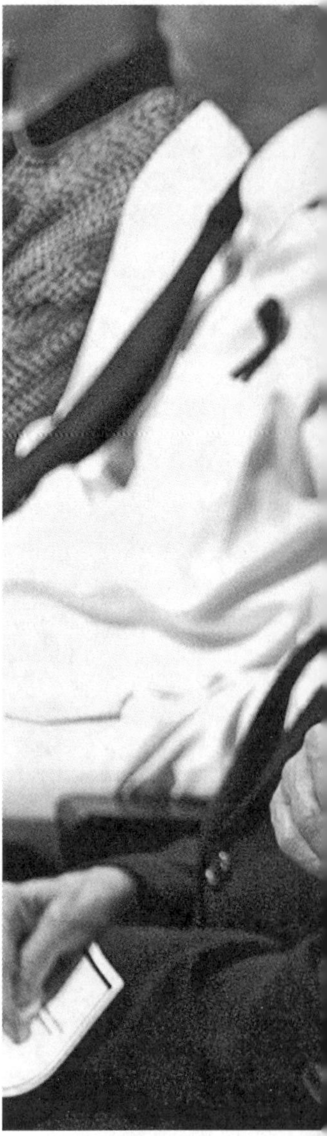

二〇〇六年二月二十五日，难掩悲伤的李光耀在拉惹勒南先生的葬礼上拭泪。在悼文中，李光耀形容曾经担任新加坡首任外交部长并亲自草拟新加坡公民信约的拉惹勒南先生是一名思想家和作家，并且也是具有道德勇气的正人君子：“他从未在任何一刻想过要放弃战斗。”

人际关系

"到最后，我唯一能珍惜的，是人与人之间的情谊。人世间的财富乃身外物，生不带来，死不带去。唯有亲情和友情能给心灵带来某种温暖和安慰。"

《李光耀八十名言》自序（二〇〇三年）

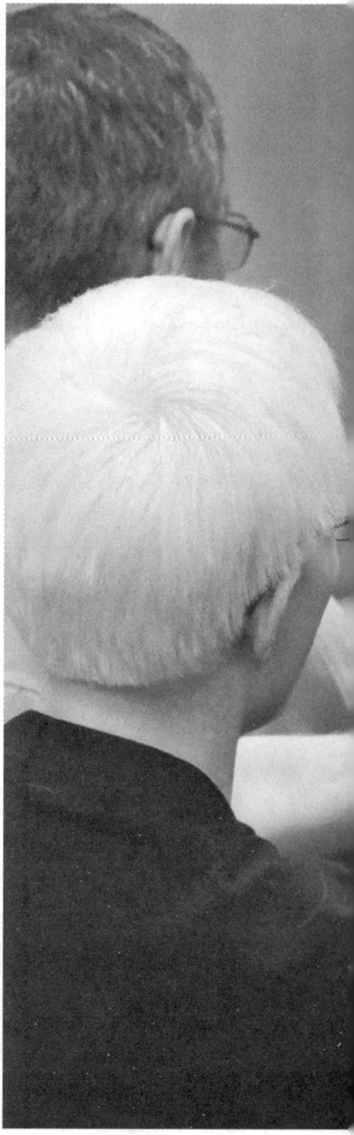

二〇一〇年十月六日的万礼火化场，李显龙总理的长子李毅鹏在祖母柯玉芝的葬礼上，将双手搭在祖父内阁资政李光耀的肩上以示安慰。柯玉芝女士于二〇一〇年十月二日逝世，享年八十九岁。

李光耀于一九六七年八月走访新加坡丹戎巴葛区时，停下脚步和居民聊天。他之所以要在这个选区竞选，为的是代表“工人、工薪阶层和小商贩”。李光耀在二〇一五年三月二十三日逝世，终年九十一岁，只差几天就是他在该区担任议员的六十周年纪念日。

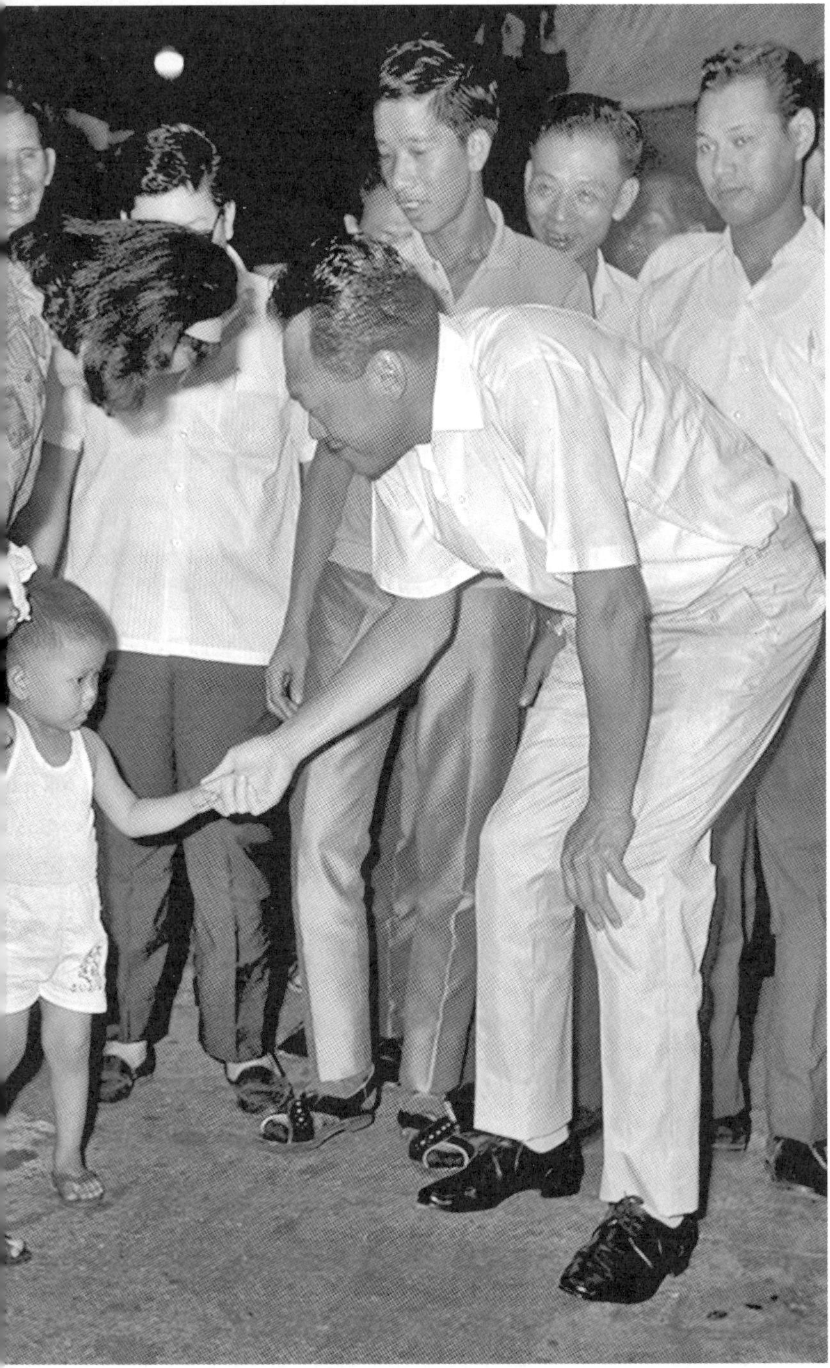

图书在版编目（CIP）数据

李光耀谈治国、管理和人生／（新加坡）李光耀著；
郑瑜麟，侯武发编. —上海：上海译文出版社，2018.8（2025.6重印）
ISBN 978-7-5327-7586-6

Ⅰ. ①李… Ⅱ. ①李… ②郑… ③侯… Ⅲ. ①李光耀
（1923-2015）—语录 Ⅳ. ①K833.397=5

中国版本图书馆CIP数据核字（2018）第053121号

LKY on Governance, Management, Life: A Collection of Quotes from Lee Kuan Yew
Curated by Janice Tay & Ronald Kow
Originally published and distributed in the English language in 2016 by Straits Times Press Pte Ltd,
Singapore Press Holdings, 1000 Toa Payoh North, News Centre, Singapore 318994

图字：09-2017-259号

李光耀谈治国、管理和人生
LKY on Governance, Management, Life:
A Collection of Quotes from Lee Kuan Yew

李光耀 著
郑瑜麟 侯武发 编
陆彩霞 译

出版统筹 赵武平
责任编辑 周 冉
装帧设计 董茹嘉

上海译文出版社有限公司出版、发行
网址：www.yiwen.com.cn
201101 上海市闵行区号景路159弄B座
山东韵杰文化科技有限公司印刷

开本 890×1240 1/32 印张 7.25 插页 6 字数 41,000
2018年8月第1版 2025年6月第9次印刷

ISBN 978-7-5327-7586-6
定价：59.00元